知的文章術

誰も教えてくれない
心をつかむ書き方

Toyama Shigehiko

外山滋比古

大和書房

はじめに

南極観測船「ふじ」に乗り組んでいる夫にあてて、日本にいる若妻から打った年賀電報は、たった三字。

「アナタ」

であった。ここにはいくら長々と話しても伝えられない熱い思いがこめられている。第三者が読んでも、胸をしめつけられるような気持になる。

このごろは何でも電話で用を足すと言われるが、手紙や電報には、電話では表現できない心情を託すことができる。さきの

「アナタ」

と同じような強烈な気持を電話で伝えられるであろうか。

ことばの表現は心であって、技巧ではない。胸の思いをよりよく伝えるには技術があった方がよい。しかし、この順序を間違えないことである。心のともなわない技巧がいくらすぐれていても、ことばの遊戯に終る。ことば遊びが目的の場合は別として、人の心を打つ文章を書くには書く人の心がこもっていなくてはならない。

つまり、文章に上達するには、心を練る必要があるということである。そのように考えると、かの有名なビュフホンのことば

「文は人なり」

が新しい意味を帯びるようになる。

この本には、文章を書くときに、どういうことを心がけたらよいかを思いつくままに書きつらねた。文章の道について人さまにあれこれ言える柄ではないが、すこしでもすぐれた文章を書きたいと願っている方々にいくらかでもご参考になれば幸いである。

知的文章術——誰も教えてくれない心をつかむ書き方　目次

第2章 読まれる文章のコツ

第3章　心をつかむ構成

本作品は、二〇一〇年一一月刊行『文章力　かくチカラ』（展望社）を改題・再編集して文庫化した『知的文章術　誰も教えてくれない心をつかむ書き方』（二〇一七年八月）を新装版にしたものです。

第1章

文章を書く心構え

料理のように

ときには、自分の心覚えのための文章を書くこともないではないが、まず、それは例外と考えていい。自分のために書く場合でも、書くときの自分と、読むときの自分とは、ひとりであって、ひとりではない。ある人は、これを〝自分と自分の文通〟だと呼んでいる。

日記はその〝自分と自分の文通〟の代表だろう。人に見せるものではないから、どんなに書いてもかまわない、とはいかない。へたをするとあとで読むことがあってもわからなくなってしまう。わからなくなってしまっては日記をつける意味もない。やはり、読む人間（つまり、自分）のことを考えて書く。

普通の文章はかならず読んでもらう相手がある。だれだれと、はっきりしていることもあるし、ぼんやりしていることもあるが、とにかく、読んでくれる相手のない文章はない。

いちばんはっきりした相手のあるのが、手紙やはがきの文章。これはその人と話をするのに似ている。勝手なことを言っては相手がびっくりする。読んでもらう人がはっきりしているから、手紙は書きやすいとも言えるが、逆に、書きにくいこともある。

仕事で上役に提出する書類なども、相手が明確な場合である。読む上役の顔がちらちらするとペンがすくんでしまう。のびのびと書けないと言う人がすくなくない。

相手がはっきりしていないのは、新聞や雑誌などの原稿である。印刷物になる文章は、どこでだれが読むかわからない。うっかりしたことは書けないというので緊張すると、思うことの半分も表現できなくなってしまう。

とにかく、他人に読んでもらうのが文章である。すべてそれを前提にして考えていきたい。

相手あっての文章という考えに立つと、文章は料理のようなものだということがわかってくる。

料理は作った人も食べる。味見や毒味もする。しかし、料理は食べてくれる人がなくては張り合いがない。

料理の先生が、独り暮しの自分のマンションではインスタント・ラーメンを食べているという話がある。教わりたい人がいるから、先生にもなる。うまいと感心してくれる人がいるからこそ、腕を振るって面倒な料理もこしらえる。自分ひとりだけ食べるのでは、とてもそんな手をかける気がしないというのであろう。

文章は料理、とすると、まず、食べられなくてはいけない。

何を言っているのか、わからないのでは料理ではない。スープなのか、みそ汁なのかわからないのでは食べる方は迷惑である。

このごろ、誤字、脱字、当て字が多くなったと言われる。ご飯の中に石が入っているようなもので、石が歯にカチッと当たるのはたいへん気になる。そういう混ざりものをなくさないと、せっかくの料理が台なしになってしまう。

文章が料理だとすると、ある程度、栄養があり、ハラもふくれないといけない。見てくれだけの料理というのもあるが、本当に相手のことを考えていない。

文章で言うと、しっかりした内容があることであろう。いくら表現にこってみても、中身がなくては困る。何を言っているのかが、読む側にはっきり伝わり、なるほどと納得するのがいい文章となる。

料理で、いちばん大切なのは、おいしい、ということである。いくら栄養があっても、うまくなくては落第。つい食べ過ぎてしまうようなものが、上手な料理というものである。もうやめておきたいと思いながら、つい、もうすこし、もうすこし、とあとを引くようなご馳走を作るのが本当のコックだ。

文章もその通り。

いくら、りっぱなことが書いてあっても、三行読んだら、あとはごめん、と読者が思うようなのではしかたがない。先、先が読みたくなって、気がついてみたらもう終っていた。ああ、おもしろかった。こういう文章ならいくら読んでもいい。そういう気持を与えたら名文と言ってよい。

いまの文章は、読者に対するそういうサービスの精神にすこし欠けているように思われる。自分の書きたいことを一方的にのべる。身勝手なのである。同じことなら、おもしろく読んでもらおうという親切心が足りない。

いまクッキングスクールで料理の勉強をする人はたくさんいるが、文章の料理を教えるところは、ごくすこししかない。おもしろい文章を書こうと思う人がすくないからであろうか。

ちょっと断っておかなくてはならないのは、その〝おもしろさ〟である。

おもしろいというと、すぐ、おもしろおかしく、吹き出したり、ころげ回って笑ったりすることを連想しがちである。そういうおもしろさもないわけではないが、ここで言っているおもしろさは、相手の関心をひくもの、といったほどの意味。読まずにはいられない、放ってはおかれないという気持を読む人に与えるもの——それがおもしろさである。興味深いもの、知的な快い刺激を感じさせるものは、すべて、おもしろいものになる。どんなに固い学術論文でも、こういう意味ではおもしろい、興味津々の文章でありうる。

文章は料理のように、おいしく、つまり、おもしろくなくては話にならない。

ピリリと辛い

学校を出て間もなく、月刊の「英語青年」という英文学専門雑誌の編集をまかされた。今から約六十年前のことである。

校正記号すらロクに知らない若造に、当時すでに六十年近い歴史をもつ、その方面では権威とされる雑誌を一任できた当時は、ずいぶん大らかなものだった。

何から何までわからぬことずくめで、悪夢のような毎日である。校正など、いくらよく見たつもりでも、必ず見落しがある。老練な編集者が横から、ひょいと、ここ、おかしいね、などと誤植を見つけたりするから、天を仰いで歎息《たんそく》するほかはなかった。

校正などじきにうまくなるものだ。思いがけない伏兵は埋草《うめくさ》であった。雑誌の編集者は埋草が書けないといけない、ということすら知らなかったのだからのんきなものである。その雑誌は余白を白のまま残してはいけないしきたりになっていて、三行でも五行でも何かでふさがなくてはいけない。その、ふさぐための原稿を埋草と呼ぶ。

あきがはっきりするのは初校が出てきてからである。初校のゲラといっしょに埋草原稿をつけて印刷所へ戻すのだが、時間のゆとりがない。

はじめのうちは、たかが三行か、なんだ五行か、と思っていたのが、とんだ見当違いであることがわかった。何回下書きをしても、いっこうにうまくきまってくれない。思い切って想を新たにして書き出してみる。すると八行にも十行にもなってしまい、とても五行にはおさまってくれない。やり直し。

ぐずぐずしていると、印刷所から、ゲラはどうしたと催促される。あせると、いよいよ混乱して、どうしてよいかわからない。ままよ、とにかく書いて、組み上がりで直そう。そう決心して原稿にする。

やがて活字になって出てくるのを見ると、われながら目をおおいたくなる。これはいけないと、削ったり書き足したりするから、ゲラは真赤。印刷所がかんかんになって怒るのはわかっているが、これを放っておかれようか。

毎月そういうことを繰り返していて、つくづく短い文章はおそろしいと思うようになる。三行の埋草に、三時間も五時間もかかる。これでは四百字詰十枚、十五枚の原稿だと気の遠くなるほどの時間になってしまう。そう考えて、原稿恐怖症にかかった。

三行に五時間かかるのなら、十枚の原稿なら何百時間もかかる。そういう小学生の算術は文章には適用できないことに気付くようになったのは何年もしてからである。

むしろ長い文章の方が書きやすい。三行だからこそ、五時間もかかって、しかもすこしもうまくいかない。十枚なら五時間もあれば、ゲラ刷りをそれほど赤くしなくてもいいものが書ける。十枚でなく、五十枚ならもっと書きやすい。十枚の五倍の時間がかかるとは限らない。そういうことはだれも教えてくれない。経験によって学んだ。ずいぶん恥ずかしい思いをし、多くの人に迷惑をかけて体得した、自分にとってはまことに貴重な知恵である。

よく、手紙を書くのは面倒だ、と言う人がいる。時間がないから手紙ではなくてはがきにしようと言ってくる人もある。やはり誤解で、はがきをうまく書く時間があるくらいなら、手紙はりっぱに書ける。時間がないからはがきはよして、手紙にしようという方が本当だろう。

第一次世界大戦のときのアメリカ大統領ウッドロー・ウィルソンは、雄弁家として世界的に有名だったが、こういうことを言った。

「一時間ぐらいの長い演説なら、何の準備もなしに、即座に演壇に登って始められる。二十分のものだったら二時間の準備がいる。五分間スピーチなら一日一晩の支度がないと引き受けられない」

さすが、百戦練磨の名演説家だけのことはある。

こういうことばをもっと早く知っていれば、三行の埋草に五時間かける自分にいら立つこともなかったろうに、と残念である。

結婚披露には祝辞がある。おもしろくもないスピーチがえんえんと続くのはお互いに閉口する。

「スカートとスピーチは短いほどよい」

そういう気のきいたことを言った人があった（スカートのスとスピーチのスが頭韻をふんでいる。念のため）。

「いや、どちらも、なければもっといい」

というけしからんことをつぶやいた紳士もある。

短いスピーチほどありがたい、というのは聞く側の勝手で、話す方にしてみれば、こんな無理な註文はない。ウィルソンですら五分間スピーチに一日一晩心をくだく。ましてわれわれのこと。三分の祝辞をうまくやってのけようとしたら、どうしても一週間から十日の準備は覚悟しなくてはならない。

一時間の講演をたのまれた人はかなりの支度をする。三分のスピーチをやれと言われても、何とかなるだろうくらいにたかをくくって会席に臨む。いったん話し始めると、話がどこへ行くのか本人にもわからない。五分たっても十分たってもしめくくりがつかなくて、自他ともに大迷惑する。

いまの社会は多忙で、同じことなら手短にしてくれと言う。長い文章より、簡潔な表現が好まれる。それは読む側の都合であって、書く方にしてみれば、短文というものは実にやっかいなものなのである。

短い文章がきりりと書けてはじめて、ものが書けるということになる。短文は小粒でもピリリと辛い。読んでそうだし、書き手にとってもそうである。ときに涙が出るほどかもしれない。

案ずるよりは書いてみる

いつまでに、これこれのものを書かなくてはいけない。そう思うと、それが妙に負担になる。ことに、いいものを書こう、人を感心させてやろうなどと思うと、よけいに心が重い。

あれもこれも準備をしなくてはいけないと思うが、何ごとも、計画通りに行ったりすることはまずない。締切りはだんだんせまってくるのに、準備の方はいっこうに進んでくれない。

この調子では間に合わないかもしれない……そういう不安がちらちらする。不思議なことに、これぐらい緊張してくると、かえって仕事が手につかなくなる。別に急ぐことはないほかの仕事に手を出したりして、当面の仕事に向かって進むのではなく、そのまわりをぐるぐるまわり始める。

　こうなったら、もう約束の原稿など書けるものではない。いよいよ期日がせまってくると、金しばりの状態になる。何もできなくなる。文章を書くのをおっくうがる人はたいていこういう経過をたどるようである。

　ある篤学の研究者の話だが、原稿を引き受けると、そのための勉強をすぐ始める。たくさんの本を読む計画を立てて、夜を日についで参考の資料や文献を読む。まだ締切りまで間のあるうちはどんどん準備が進むが、期日が近づいてくると、調子がおかしくなってくる。

　あと二、三日で締切りとなると、もう何も手につかない。もちろん原稿は一字も書いていない。これまであれだけの時間をかけて調べたことをどのようにしたらまとめられるのか。それを考えると頭が痛む。

たんなる比喩ではなく、本当に頭痛がしてくるのだそうである。熱を計ってみると、たしかに熱もある。これでは執筆は無理だ。わけを話して、この原稿を病気のためにとりやめにしてもらう。すると翌日あたりから熱は下がり、頭痛も、うそのようによくなるという。

これは原稿病とでも言うものである。改まった文章を書かなくてはならないという気持は、それくらい大きな気持の負担になるのであろう。

これは若い友人の話だが、発表する前に準備を充分する。ほかの人はもういいだろうと思うのに、まだまだ、と言って本を読む。これは文章ではなく、口頭発表だったが、ある研究会で発表することになった。

すぐ前の発表者が話しているとき、別室でせっせと最後の参考書を読んでいた。それですばらしい話ができたかと言うと、そうではない。何を言おうとしているのか、さっぱりわからない発表に終ったようである。

この人は勉強のしすぎ。過ぎたるはなお及ばざるがごとし。あまりにことを重大に考えて、準備をしすぎると、かえってよくないようである。書く直前までほかの本などのぞくのは賢明ではない。気軽に書くのがいいものを書くコツらしい。

そういう例として、寺田寅彦のことを思い出す。お弟子さんがどこかに書いていたことだが、寅彦は、雑誌などから原稿を依頼されると、締切りはまだ一ヵ月も先だのに、すぐ書いてしまう。もちろん研究論文ではなく、随筆のような文章だが、締切りまでのばしていてもいいものが書ける保証はない。むしろ、書いてみたいという気持のおこっているそのときがもっともいい時期かもしれない。

依頼した人の意図もまだはっきりしている。それにゆとりもある。急ぐ必要はなく時間はたっぷりあるという気持でペンをとるから、考えがのびのびと展開する。期日ぎりぎりまでに追いつめられて書くよりははるかに有利である。

寅彦はそうしてざっと書き上げたのを引き出しに入れておいて、締切りの直前になって出してきて、手を入れて編集者に渡していたという。さきの学者のまさに逆である。

イギリスの詩人、批評家として有名であったＴ・Ｓ・エリオットがこういう意味のことを書いている。

書評を頼まれたとき、まだ読んでいない本はうまくいかない。書評をすることなど考えないで読んだ本をあとから書評してほしいと依頼されたときは、いい書評ができるようだ……。

つまり、あまり緊張しすぎたり、力を入れすぎてはいけないということである。頭の中であれこれ考えていると、次第に書くのがこわくなってくる。まだまだ書ける状態にない、と思っているうちに、時間がなくなって、浮き足立つ。あせる。これではせっかくのいい考えも逃げて行ってしまう。

とにかく、あまり時間が切迫しないうちに、考えていることを書いてみる。うまくいかなくても、やり直しがきくと思えば気が楽である。

そういう気持で書いているうちに、思いもかけないおもしろい考えが飛び出してきたりする。これは調子のいい証拠である。文章は一気に書き上げてしまった方がいい。いつまでもくよくよ思案したりしていないで、とにかく書いてみる。案ずるより書くはやさしい。

もっとも中には、締切りがきて、やいのやいの催促されないとエンジンがかからない。締切りを過ぎたところからようやく仕事が始まるというタイプの人もあるから、一概には言えないが、いずれ書くのだから、なるべく早くとりかかった方が得策のようだ。

忙しい人ほど、そういうことに早く気づく。

「名文」を読む

谷崎潤一郎『文章読本』は、ことばの調べ、耳に訴える効果をおりにふれて強調する。黙読が多くなり、「音調の美」が忘れられかけているのについて、こう言う。

「今日の人は〝読む〟と云へば普通〝黙読する〟意味に解し、又実際に声を出して読む習慣がすたれかけて来ましたので、自然文章の音楽的要素が閑却されるやうになつたのでありませうが、これは文章道のために甚だ嘆かはしいことであります」

その昔の寺子屋で教えた漢文の素読が文章を書く上にもよい基礎になっていたとも考えていたようで、それについて、谷崎はこうも書いている。

「素読とは、講義をしないで唯音読することであります。私の少年の頃にはまだ寺子屋式の塾があつて、小学校へ通ふ傍そこへ漢文を習ひに行きましたが、先生は机の上に本を開き、棒を持つて文字の上を指しながら、朗々と読んで聴かせます。生徒はそれを熱心に聴いてゐて、先生が一段読み終ると、今度は自分が声を張り上げて読む。満足に読めれば次へ進む。さう云ふ風にして外史や論語を教はつたのでありまして、意味の解釈は、尋ねれば答へてくれますが、普通は説明してくれません。ですが、古典の文章は大体音調が快く出来てゐますから、訳が分らないながらも文句が耳に残り、自然とそれが唇に上つて来、少年が青年になり老年になる迄の間には、折に触れ機に臨んで繰り返し思ひ出されますので、そのうちには意味が分つて来るやうになります。古の諺に『読書百遍、意自ら通ず』と云ふのは此処のことであります」

長い引用だが、いまの人にも素読の効用がわかると思って紹介した。

近年のことばの教育は意味をとることにのみ目を向けている。ざっと読んで、解釈をする。わけがわかれば、それでさっさと先へ進んでしまう。音声などはじめから頭に残っていない。

何々を読んだ、感心した、という人がいるとする。

「どんなところが印象に残っていますか。一行でも二行でも思い出してくださいませんか」

ときいてみると、

「文句は覚えていませんが、たしか、こういう意味のところがありました」

などと答える。ことばそのものは心に残っていなくて、意味だけにこだわっていることをよくあらわしている。

意味をとるだけが目的なら、二度も三度も読む必要はなく、一度で充分である。

「読書百遍」ということばはいまはほとんど聞かれなくなった。本がこんなにもたくさんあって、いくら読んでも読み切れない。それなのに、一冊をくりかえし読むなどという浮世から離れたことをしていられるか、と思うのかもしれない。

ところが、ことばを身につけるには、そういう一見、不合理なことをしなくては

ならないようである。『文章読本』は、さきの引用のすこしあとのところで、

「さうしてみると、講釈をせずに素読だけを授ける寺子屋式の教授法が、真の理解力を与へるのに最も適した方法であるかも知れません」

とのべている。いまの国語の教授法では、「真の理解力」が得られないように思われる。いまの学校を出ても、昔に比べてしっかりした文章の書ける人がすくなくなっているのは偶然ではない。

文章を書くのに、文章を読むのなど関係がないと考える〝合理主義者〟（？）が多いようだが、読まないでは、書くことはできない。

漢文の素読をした人は、漢文調の文章を書くのにそれほど苦労しなくてすんだ。調子は口をついて出るほどよく知っている。どういうのがすぐれた文章か、たとえ及びはつかないにしても、形として、音調として知っているから、それを手本にして書くことができる。

ところが、いまはそうはいかない。高等学校を卒業した人に、暗誦できる文章があったら聴かせてほしいと言っても、三分以上、暗誦することができるのは例外中

の例外であろう。たいていはひとつももっていない。だいたい暗誦などしたってテストの点がよくならない。先生も詰め込み教育と言われては困ると、暗誦を命ずるのを遠慮する。これが現代人の文章力をみじめなものにしている。

いまの時代はまた「名文」というものがどういうものか、それにはっきりしていない。暗誦したくても名文がないと言う人もいる。現代の名文の定まるのを待っていては手遅れになる。

すぐできる勉強の方法は、自分の感心した文章があったら、一度だけでやめないで、何度も何度も読んでみる。こういう文章が書きたいと思いながら、読む。何度も読んでいれば、意味などどうでもよくなってくる。気にしなくても、何となくわかったという気がする。まさに「読書百遍、意自ら通ず」である。

こうして何度もくりかえし読まれた文章は、その人にとっての「名文」である。人が何と言おうと、これが名文なりとしてよろしい。やがて、その文章のリズムとか調子といったものが、乗り移ってくるようになるらしい。朱に交われば赤くなるというのとは反対で、たえず名文と付き合っていると、そのうちに、だんだん名文にあやかれるようになる。不思議である。

ただ、多ければ多い方がよろしいというので、あれこれ種類の違う文章と付き合うと、相殺してまずいようである。一人、二人の文章家の文章を集中的に読み込んで、その骨法を学ぶ。これが文章上達のコツで、いちばんの近道のように思われる。

まねてみる

自由が丘の駅で、大井町線から降りると、ママは、トットちゃんの手をひっぱって、改札口を出ようとした。トットちゃんは、それまで、あまり電車に乗ったことがなかったから、大切に握っていた切符をあげちゃうのは、もったいないと思った。そこで、改札口のおじさんに、

「この切符、もらっちゃいけない？」

と聞いた。おじさんは、

「ダメだよ」

というと、トットちゃんの手から、切符を取りあげた。トットちゃんは、改札口の

箱にいっぱい溜っている切符をさして聞いた。

「これ、全部、おじさんの？」

おじさんは、他の出て行く人の切符をひったくりながら答えた。

「おじさんのじゃないよ、駅のだから」

「へーえ……」

トットちゃんは、未練がましく、箱をのぞきこみながらいった。

これは、黒柳徹子『窓ぎわのトットちゃん』の冒頭である。しっかりした書き方がしてある。情景もあざやかに目に浮ぶ。文章に軽快なリズムがある。これはおもしろそうだ、とそう思うようでないと、文章を見る目ができていないことになる。

トットちゃんは転校生。前にいた小学校には、「せんぞくいけはあさけれどいじんのむねをふかくくみ（洗足池は浅けれど、偉人のむねを深く汲み）」というむずかしい校歌があった。ところが新しいトモエ学園には校歌がない。生徒たちはお願いして、校長先生につくってもらうことになった。でき上った新校歌は、なんと、

「トモエ、トモエ、トーモエ！」

それだけだった。そのあと、本文によると、
トットちゃんは、ひどく、がっかりした声で、先生にいった。

「もっと、むずかしいのが、よかったんだ。センゾクイケハアサケレドーみたいなの」

先生は、顔を真っ赤にして、笑いながらいった。

「いやかい？　これ、いいと思うけどな」

結局、他の子供たちも、

「こんなカンタン過ぎるのなら、いらない」

といって、断わった。


ここまで読んでくると、吹き出さずにはいられない。ハラの底から笑いがこみ上げてくる。こどもの心がみごとに描かれている。

そう思って読んだら、そのままにしておくのは惜しい。こういう文章を書けるようになりたい。それが人情ではないか。

それには、ただ、笑って読みすごすだけではいけない。感心するところは、二度、三度くりかえして読んでみる。黙っていないで、声を出して読む。そうすると、文章の調子がつかめる。黙読では見落しているところに気付くようになる。

黒柳さんの文章ですぐ目につく特色がある。さきに引用したところだけでも、わかるように、読点（、）が多い。

「ママは、トットちゃんの手をひっぱって、改札口を出ようとした。トットちゃんは、それまで、あまり電車に乗ったことがなかったから、……」

というところでも、「ママは」「トットちゃんは」「それまで」などのあとの点はなくてもいいところだが、ついている。そして、効果をあげている。

「もっと、むずかしいのが、よかったんだ」の「もっと」の次の点も文法上はなくてもいいのだが、つけられると、「もっと」が引き立つ。

たかが、点ではないか、などと言ってはいけない。文章の調子はこの読点で大きく違ってくる。ほかの人の文章を読むときにも、どこに点が打ってあるかに注意する。自分で文章を書くときに、それを参考にする。

『窓ぎわのトットちゃん』は話しことばの調子がうまく生かされている。そのために、仮名が多い。仮名が続くと読みにくくなりがちだ。それを避けるためにも読点を多く打つ必要があるが、そればかりではない。文体の特色である。この本の文章に感心したら、文体にも感心したことになる。読点ひとつだっておろそかにしてはならない道理である。

　文章を書くとき、句読点をいい加減にしていては上達しない、とよく言われる。日常の走り書き、自分だけの心覚えをするときでも、句読点に心を配るようにしたいものである。

『窓ぎわのトットちゃん』のもっと大切な特色は、文章が全体としてユーモアをもっていることである。さきの校歌のエピソードなどは声をあげて笑わずにはいられない例だが、はっきりした笑いにはならないでも、どことなくおもしろい。心あたたまる文章である。

この本のはじめに文章は料理のごとくあれ、と書いた。ただ食べられればいいのではない。おいしく食べられるのが理想である。日本人のことばは、文章に限らず、話すときも、おもしろ味がないと言われる。意味はわかるが、聞いて、読んで、たのしくない。同じことなら、おもしろく表現したい。おもしろいと言って、別に、おもしろおかしくする必要はない。

そっと心をそそる味わい――それがユーモアである。これを体得するのは、句読点ほどやさしくはないが、そのつもりになってまねていれば、やがていくらかは似たことができるようになる。

生木の家

一時期「ナウい」といったことばが使われていた。当時の流行語である。若い人なら口にするな、というのが無理かもしれない。こういうことばがたくさんある。いつの時代にも流行語はあるが、現在はことに、多いように思われる。

こういうことばを使っていると、いかにも現代に生きているという実感がわいてくる。それはいいけれども、困ったことに、使われているうちに、意味がぼけるようになる。もちろん辞書にのっているわけではないから、確かめようとしても確かめられない。めいめい多分こうであろうと思いながら使っていると、何を指すかがわからなくなる。

しかし、あまり漠然とした意味になってくると、ことばとしての役割が果たせなくなって、いかに流行したことばも、下火になり、やがては消える。

流行語の弱点は消えやすいということである。新しく生れたことばは、どんどん古くなる。そしてたいていは消滅してしまう。新しいことばに飛びつくことは、危険である。自分の書いたものが古くなってはいやだと思う人は、どうしても新しいことばを使うのに臆病になるだろう。

イギリスの話だが、いまから四百年近い昔、シェイクスピアと同時代の人にフランシス・ベーコンという偉い文人がいた。『随想集』を書くに当たって思い悩んだ。ことばをどうしようかというのである。

当時の英語は戦後のひところの日本語にいくらか通じるところがあったと言えるかもしれない。目まぐるしく新しいことばが生れ、国語として安定していなかった。ベーコンは考えた。こういうでき立てのことばを使って本を書けば、後世、意味がわからなくなってしまい、読む人がいなくなってしまうおそれがある。ラテン語の方がよくはないか。ラテン語ならもう千何百年も使われてきているが、すでに死語で、もう新しいことばが生れる心配もない。これならいつまでも古くなることはなかろう。さて、英語がいいか、ラテン語にするか、と考えたのである。結局は、英語で書くことにするのだが、昔の人はそれくらい新しいことばを警戒したものである。

日本でも、長い間、文章に用いることばはずっと遡った時代のものであるのが普通であった。擬古文《ぎこぶん》がそれである。

文章はいつまでも残る記録である。その場で消えてしまってもよい談話とは違う。文章ではとくに新しいでき立てのことば、流行語を乱用しないように心掛けなくてはならない。

新しいことばはすぐ古くなる。ところが、古くから伝わってきていることばはもう古くなりようがない。文章を書くときに、もし、新しい流行のことばと古くからの耳なれたことばのどちらを使おうかということがあったら、迷うことなく、古い方のことばを使うようにすべきであろう。

新しいことば、流行語を使うと、当座はいかにも、新しく感じられるが、すこし時がたつと、その新しいことばから古くさくなる。さらには腐ってくる。新しいことばはいつまでも新しいのではなく、その命は花の命と同じほどに短い。そのことを頭において流行のことばと付き合うようにしたいものだ。

大工さんは生木では家を建てない。生木はすぐに歪んだり、曲ったりする。建築用の木材は充分に乾燥したものを用いる。これなら、建ててから大きく変化することがない。文章も同じで、生木のようなことばで書いてはいけない。長く使われてきた、よく枯れたことばを用いる。

いまの時代で新しい生木に相当することばはと言えば、まずカタカナ語。ほとんどが近年になって生れたものである。あるいは、書く人がその場で勝手にこしらえたものすらある。いかにも軽々しい印象を受ける。

「ワイキキはビーチと並行して走るカラカウア・アベニュー沿いに多くの店が並んでおりますので、オフィースを出たところで、右にするか、左にするかを決めなくてはなりません」

これはハワイの魅力を紹介しようとした文だから、多少、生硬なカタカナが出てくるのもやむを得ない。それにしても、ビーチは海岸（線）、アベニューは通り、オフィースは事務所としてなぜいけないのか、わからない。そのあとはこんな風である。

「昼食をオーダーする際に必ずウェイターが尋ねることが、カクテルの注文です。ビジネスのための昼食ミーティングでもビール程度は飲む習慣がありますので……」

「……を是非チャレンジしてください」

オーダー、ミーティング、チャレンジなどは、在来の日本語で言った方が文章に落着きが出る。カタカナを多く使った方が高級なように思っている人がいるとすれば、大きな誤解である。

ただ適当な日本語のないことばまで無理して使うのは行きすぎで、ライオンと言うのを好まず、獅子と言い、プラットホームと言うのを嫌って、歩廊とするのだという人もあるが、そこまで頑固になることはない。

だからと言ってオーダーとかミーティングといったことばを使う必要もない。
生木で家を建ててはいけない。

ピグマリオン

　学校でひとクラスをＡＢ二つのグループに分ける。テストをしてＡグループにはめいめい採点した答案を返す。Ｂグループの答案は見ないでおく。

　そして、Ｂグループの生徒をひとりひとり先生が呼んで、

「この間のテストはよくできていた」

とほめる。みんなに同じことを言う。しばらくしてまたテストをする。やはり、採点した答案を返すのはＡグループだけ。Ｂグループには、全員に

「こんどもよくできた」

と言う。こういうことを二、三回繰り返したあとで、テストをし、ＡＢともに採点

をしてＡＢそれぞれの平均点を出すと、Ｂグループの方が成績がいい。

これをピグマリオン効果と言う。ほめていると、実際に、そのようになる。Ｂのグループはできたからほめられたのではなく、でたらめにほめられたのだが、それでもきく。実際によくできるようになるのだから不思議である。ほめられるということは上達や能力の成長に、たいへん大きな作用を及ぼす。

ピグマリオンはギリシャ神話でキプロスの王様ということになっている。彫刻の名手だった。あるとき理想の女性を象牙で刻んだが、あまりのみごとなできばえに彫像を深く愛するようになった。神にこの彫刻に生命を与えて、結婚させてくださいと懇願した。哀れと思った愛の女神さまアフロディテは彫刻を生きた女人にし、ピグマリオンは彼女と結婚したというのである。

そこから、願えばかなうことをピグマリオン効果と言うようになった。

新しいことや難しいことを始めるときに、やかましい注意ばかりしていてはうまくいかない。多少、足りないところはあっても、どこかいいところを見つけて、ほめてくれる人がいると、目に見えて上達する。

すぐれた指導者は、うまくほめる人であることがすくなくない。文章を書くときも、ひとりで書いているだけでは張り合いがすくない。いちばんいいのはほめてくれる人がいることだが、そんなに都合よくほめ上手が得られるとはかぎらない。

ほめてくれなくても、注目してくれる人がほしい。まずいところを指摘してくれるのでも、無視されるよりどれほどましか知れない。せめて読んでくれる人があるだけでも、文章を書く人の気持はぐっと違ってくる。

ところで、われわれの書くのはたいていは実用文である。何か目的があって書く文章だから、当然、読む人があるはずである。その人を頭に描きながら、その人に向かって書くつもりになる。

もし、ほめてくれる人がなく、注目したり指導してくれる人がなかったら、自分で自分をほめればいい。上手に書けなくても、前に比べたらだいぶよくなっているのなら、

「かなり進歩してきた。もっとうまくなりたい」

そう思っていると、そのうちにだんだん本当に進歩してくる。もっとも、いい気になって、拙いものに自己満足していては話にならない。自分の書いたものだからと言って点を甘くして満足していては進歩は止まってしまう。自分に対してはあくまできびしく謙虚でなくてはならない。

それには前にものべたように、つねに他人のすぐれた文章に触れて、文章に対する目を養っておく必要がある。批評は難しいもので、ことに自分の仕事に対する自己批評は困難だが、どこがよくないかが自分ではっきりすれば、やがてその欠点は除去されるだろう。自己批評がしっかりしていれば、文章も上達する。

そうかと言って、むやみと固くなっては逆効果で、ごく自然に力まずに書くのがいちばんである。文章が苦手だという人ほど、構える。分を忘れて名文を書きたいと願ったりして、調子を崩す。

気取らずに、とにかく書いてみる。思ったようにいかなかったら、もっと上手に書けるようになりたいが、これでも前よりはずいぶんましになっている、まんざら棄てたものではないなどと自分で自分をはげます。

こういうことを二年三年と続けていれば、ピグマリオン王が奇蹟をおこしたように、われわれもあるとき急に見違えるような文章家になっているということがないでもあるまい。

自分はダメだ、などと思い込んでしまうのは禁物である。だれでも努力すれば、ある程度のところまでは行ける。才能がないと自分に見切りをつけた人は努力してもしかたがないと言って、努力もしない。それではものにならないのはわかり切っている。足りないのは才能ではなく、精進と努力、自信である。

かりにすこしくらい才能が乏しくても、人のしない努力をすれば、人並みはおろか、常人をはるかに越えるところまで上達することは可能である。

ローマの一流の雄弁家キケロははじめ吃音《きつおん》に苦しめられたという。弁論においては不利と思われる条件である。ところがキケロは海岸で口に小石をふくんで演説する荒業をして、ついに吃音を矯正し、史上屈指の大雄弁家になった。それを考えればわれわれの才能の乏しさなどとるに足りない。

文章に上達するには、平凡なようだが、とにかく書いてみる。そして上手になりたいと願いながら、努力を続けることである。そうすればいつのまにかうまくいくようになる。

ピグマリオン効果はたんなる空頼みではない。

日々是好日

ピアノの練習をするとき、弾いたり、弾かなかったり、では上達はおぼつかない。いくら熱心に稽古しても、二日も三日も休んでは、進歩するより退歩する方が大きい。

それを坂道を登って行くようなものだと言った人がある。たえず前進していないといけない。止まっていると、すべり落ちてしまう。三日がかりで登ってきたところも一日怠けていると、あっさり後戻りしてしまう。休むのが何よりいけない。

一般に技芸を身につけるには長い間の修業が必要である。その修業の第一の心得は、たゆまずすこしずつやること。

だれでも、はじめはたいへんな意気込みである。朝から晩まで時の移るのを忘れて打ち込む。ところが、しばらくすると、だんだん熱がさめてきて、忘れる日が出てきたりする。だいたい、一度にまとめてするより、小刻みにした方がよろしい。一日に一回、二時間を一気にするより、二十分ずつ三回練習した方が効果がある。時間は合計一時間でも、二時間をまとめてしたときに匹敵する。時間より回数というわけである。

断続的に長くやっていることはいつのまにかおどろくほど上手になっていることが多い。その道によって賢しということもある。本人はさほどに思っていないのに、ほかから見るとびっくりするほどの熟練に達していることがすくなくない。

郵便局の職員がたいへん上手な、あるいは、達者な字を書くのに、日ごろからひそかに舌を巻いている。

書留の受領証をもらって、ついその文字に見ほれたりする。カーボンを敷いて書くのは、なれないうちはたいへんなことだと思う。ところが、郵便局員はそれぞれなかなか味のある字で書いてくれる。毎日の仕事の中で、文字を書くことが多い。

なるべくきれいな字で書こうとするのは人情である。それかといってペン習字ではないから、手早くしないといけない。へたをすると、乱暴になる。いつもいい字を書こうと心掛けているのであろう。そうでなくてはああいう字はなかなか書けるものではない（このごろはあまり見られなくなった。惜しい）。

かつて同じように感心していたのは、国鉄時代、駅の小荷物係たちの毛筆の字である。ある程度の年齢の方なら覚えているだろうが、昔は国鉄が「チッキ」と呼ばれる小荷物輸送のサービスを行っていた。駅のおじさんが、筆で送りの荷札にちょこちょこと書く字に感心したものである。

筆の先の方を軽くつまんで、たいへん速く書く。その字が達筆なのだ。やはり絶えず書いているからである。それでとくに書道をやったわけでもない人がすばらしい字を書くようになるのだ。

このように仕事に関係する技能は心がければたいへん上達するものである。

小学生のとき、先生が黒板に書かれる字を見て、美しいなと思った。先生はえらいのだなと感じた。学校の先生だって能筆家ばかりとは限らない。中には悪筆の人もいるだろうが、毎日字を書いているうちに、なんとか見られる字を書くようになる。かつては教員養成をする師範学校では書道に力を入れた。師範出の先生にはあまり妙な字を黒板に書く人はいなかった。

小学校の二、三年になると、黒板の字を見て、あれは正教員、あれは代用教員ということの見分けがついた。代用教員にはりっぱな大学を出た人もいたが、かなしいかな黒板の字がだらしなく、こどもも心にもおもしろくなかったのである。

だいぶ字のことが長くなったが、文章についても似たことが言えるように思う。たえず書いていると、自然、上達する。正規の修業をしなくても、我流で相当なところまで行ける。師範学校出の先生のように、はじめにしっかりした訓練を受けておけば、他人から一目でプロであることがわかるくらいになる。

ただ、字を書くのに比べて、文章を書くのは機会がすくない。きれいな上手な字を書く人が、いい文章を書くとは限らない。

新聞記者は記事の原稿を書くのが仕事である。毎日何か書く。記者になるまでに、先輩、上の人から文章の指導を受けるから、記者はほとんど例外なくわかりやすい文章を書く。名文家もすくなくない。

新聞は大人にとっての文章読本、作文のテキストだと思う。その紙面を作っている記者は文章の先生というわけである。かれらが達意の文章を書くのは、絶えず書き、多くの人に読まれることを考えて、おいしい料理のような文章を書こうとしているからである。

だれでも、心掛けひとつで人並み以上の文章を書くことは必ずできる。

そこで、まず、時間はいくら短くてもよい。かならず毎日何か書いてみるようにきめる。決して休まない。

いつでもよさそうなものだが、できれば朝。しかも、食事前がよい。

昔の人が〝朝飯前の仕事〟と言った。いまではかんたんにできる仕事の意味になっているが、朝は頭も疲れていない。食事前なら胃はからっぽ。血を頭へ集めることができる。神経が行き届く。

毎日、朝、食事の前に、すこしずつでも文章の練習をすれば、かならず上達する。

耳で書く

飛行機に乗ると、妙なことばをきかされる。

「コウホウケイキに支障を与えるおそれがありますから、携帯電話のご使用はご遠慮願います」

というキャビンアテンダントのことば。コウホウケイキとは何か。何度も飛行機に乗っている人でもはっきりわかりかねるだろう。後方計器と思うかもしれない。きいてたしかめたわけではないが、コウホウケイキは航法計器と書くのだと思う。やさしいことばで言いかえるべきであろう。耳からきかせるのに漢字をそのまま読めば、何のことかわからなくなって当然である。

着陸すると、こんどはまたキャビンアテンダントの声で
「これからこの飛行機はチュウキジョウへまいりますから……」
といったことをアナウンスする。チュウキジョウってなんだろう。乗客はみんな不思議に思う。でも、そんなこと、いちいち人にきいては笑われるかもしれないから、だまっている。あるいは、目的地へ着いたうれしさで、へんなことばなんかには耳をかさない。

考えればすぐわかる。駐機場。クルマをとめておくところが駐車場、飛行機をとめる場所なら駐機場でおかしくないではないか。航空会社はそう思っているに違いないが、なれないことばをきかされた乗客にはピンとこない。

これは耳からきくことばのこと。文章なら目で読むのだから、航法計器でも、駐機場でも、いっこうにかまわない。見れば意味の見当がつく。

漢字は音もさることながら、意味を伝えるはたらきもする。そういうことばを長い間使用してきた日本人はいつのまにか、耳を遊ばせた文章を書く悪い癖をつけるようになった。目だけで書いているのかと思う人がすくなくない。

A「この文章が印象深いのは筆者が学生の様子をよく書いているからだと思います。とくに女子学生がよく書かれていると思います」

この文章をおかしいと思わないのは、目だけで書いている証拠である。すこしでも耳を働かせていれば、二度も「よく書け」と「思います」が出てくるのにひっかかるはず。それだけではない。ほかにも抵抗のあることばがある。「この文章が」の「が」と「著者が」の「が」がくりかえしになっている。ひとつの文の中でこういうように主格が二つあるのは、文法上もおもしろくないが、それ以上に、たいへん耳ざわりなはずである。耳を使いながら書いていれば気がつき、避けられるはず。

もっと困るのは「書けている」の「いる」がもう一度、次の文の「書かれている」にあること。これはなんとかしてほかの表現に変えなくてはいけない。

文章を綴るときには黙って書く。ひとりごとを言いながら、というのはまず例外的であろう。しかし、心の耳にきこえる、あるいは、ごく小さな声でつぶやきながら書いていくことはできる。流れのいい文章、調子のいい文章を書くには、目だけ使うのでは充分でない。耳も使う必要がある。そして、耳にすらすら入らないようなことばづかいはなるべくしないようにする。自然、くりかえしも少なくなるだろう。

昔の人はさかんに名文を朗読したものである。学校でも、よく文章を暗誦させた。日本や中国の古典をたくさん覚えている人が多かったのもそのたまものである。そういう教養をもった人が文章を草《そう》するときに耳を使うことになるのは不思議ではない。

明治の人の文章が朗々として誦すべき調子をもっていたのも、耳でことばの調べをとらえ、それが書くときもあらわれているのだと思われる。いまの人は名文を暗誦することもなくなった。耳を使った文章を書けと言えば、俗語で書くことかと勘ちがいするかもしれないが、そうではない。どんな改まった文章を書くときでも、耳をよく働かせるようにすることはできる。

文章を書きあげたら読み返しをする。これについては別に章を改めて書くが、耳で書くのに関係することを、ひとつここでのべておく。

それは、声を出して読み返せ、ということである。

声を出すのはおかしいと思う人もあるが、文章をよくするためには、恥ずかしがったりはしていられない。別に隣の部屋の人がびっくりするような声をあげなくてもよい。ごく小さくとも、声は耳からきこえる。「も」が重なっている、「である」の文末がいくつも続く、というのに気付きやすい。

口ぐせのように、「つまり」ということばをつかう人があるが、声を出して読み返していると、口ぐせであることがわかる。目だけではなかなかわからない。

声を出す読み返しをしていて、もし、ひっかかるところ、読み違えをするようなところがあれば、それは文章に、何か欠点のあるしるしである。二度、三度読んでみて、おかしいところを発見し、書きなおさなくてはいけない。自分の書いた文章がなだらかに読めないようでは、他人が読んでわかりやすいわけがない。

第2章

読まれる文章のコツ

巧速

外国語を読むのはたいへんである。スラスラ読めることはまずないと言ってよい。わからないことばが次々出てくるから、辞書首っぴき、それこそカタツムリの歩みのような読み方になる。

そういうのは不自然な速度である。もっと速く読まないと、わかるところですらわからなくなってしまう。ときにそういうことを言う人があっても、だれも本当にしない。これだけていねいに読んでいてわからないものが、速く読んだら、どうなることか。まるでチンプンカンプンになってしまうに違いない。だいいち、こわくてとても速度を上げることなどできるものではない、と考える。

アメリカから速読法というものが紹介された当時、コーヒーいっぱい飲む間に何十ページもの文章を読んでしまうと言われたが、日本ではほとんど普及しなかったようである。むしろ、そんな雑な読み方ではしかたがないと思った人が多かった。ものには程度ということがある。ていねいに読むのは結構、しかし、カタツムリがはうようなのは明らかに行きすぎで、もっと速くしないといけない。

原語でシェイクスピアの劇を読むのはたいへんである。一行がわかるのに五分も十分もかかるところすらある。これではとても芝居はわかるまいと思うが、案外そうではないからおもしろい。ゆっくり読んでいてさっぱり見当のつかなかったところが、たいへんな勢いで言われる舞台のせりふで聞くと、思いのほか頭にすらすら入ってくる。

ゆっくり読んでさえ、よくのみ込めなかったところが、速くしゃべられたのを聞いてわかるとは、いかにも理屈に合わないように考えられる。しかし、それが実際におこる。あまりゆっくりではかえってよくない。

自転車に乗りはじめのとき、こわいから、速くは走ることができない。おそるおそるゆっくり走る。するとすぐ倒れる。よけいこわくて速く走れない。自転車は速く走れば走るほど倒れにくい。ゆっくり走れば走るほど、安定しにくく倒れやすい。はじめはそのことがわからず、苦労する。

読む場合も似たことがおこる。不自然にゆっくり読むからわかりにくい。思い切って速く読むと、かえってよくわかるのである。

同様のことが書くのにも言える。書くのはたいへんだ、あまり上手でない、そう思っている人は、時間をかけてゆっくり、ていねいに書こうとする。時間をかければかけるほど、いいものが書けるように考えがちである。これがかえってあだになる。

一行書いては、半分消し、すこし行ってはまたもとへ戻って考えなおす。そんなことをしていては、文章がどこへ行くのか、書いている本人にもわからなくなる。そんなものが読者に理解しやすいはずがない。のろのろ走る自転車のハンドルがふらつくように、方向が定まらない。

すぐれた文章家であった清水幾太郎氏も、速く書かなくてはいけないということを教えている（『私の文章作法』）。その理由として清水氏は、読者の読む速度は筆者の書くスピードよりはるかに大きい。いくら速く書いても読む速さにはとてもかなわない。ぐずぐずしていてはいけないのだ、というのである。

これまで、速く書けということを言う人がすくなかっただけに、清水氏の意見はとくに注目された。

従来は、あまり調子に乗って書くと、文章が軽くなる、上すべりするといって警戒する人がすくなくなかった。すこし調子が出てくると、わざとペンをおくことにしている、という人さえある。

そういう人は、相手が全神経を集中して、一語一句をおろそかにしないで精読してくれるものと期待しているのであろう。あるいは、心をこめた読み方を要求しているのかもしれない。それに値いする文章もないわけではないが、何でもないことを書いておきながら、読む人がいちいち立ち止まらないと先へ進めない、よくわからない、というのでは悪文である。読んでくれる人に失礼ですらある。

不必要に読みにくい文章は、筆者の思い上がりである。わかりやすく書けることをわかりにくく書くのは読者の敵である。

拙速ということがある。同じことならさっさと読めた方がありがたい。しかも、速く書かれたものが、遅筆の人が考えたがるように、かならずしも雑ぱくな文章ときまったものでもない。速く書いたために、筆勢があって、読んでいると、その流れに乗せられて、独特な快感を覚える——そういう巧速ともいうべき文章があることを見落してはならない。

文章を書くのに、あまり時間をかけるのはかえってよろしくない。むしろ、ごくさしせまったところで書くのがわかりやすい文章になるようだ。新聞記者に明快、達意の文章を書く人が多いのも、時間と競争で、一瀉千里《いっしゃせんり》に書くからであろう。そういう文章は生き生きしている。

書くことに自信のない人ほど時間をかけて、あれこれ考えすぎる傾向がある。思い切って、速く書いてみると、ふっ切れて、新しい文章が書ける。

バリエイション

Ａ　この文章が印象深いのは筆者が学生の様子をよく書いているからだと思います。とくに女子学生がよく書かれていると思います。

Ｂ　この問題は早急に解決しなければならない問題です。しかし、その解決もごく手近なところにあるということも理解されていないのです。

Ａは第1章でも紹介したものだが、この二つの文章には共通しておもしろくないところがある。

同じことばがすぐ近くで重ねて出てくるところである。Ａでは、どちらの文も「と思います」で結ばれている。どうしても使わなくてはならない「思います」ではないので、どちらかを変える必要がある。

くりかえしは、それだけではない。「よく書いている」「よく書かれている」のところも、これでは、同じことばを使っているのと同じようなものである。

Ｂの方へ移ると、まず、「問題」と「解決」という語が、こんな短い文の中に二度もあらわれてくるのは感心できない。しかし、これを改めただけではまだ不充分である。「解決も」の「も」と「ことも」の「も」とが耳ざわりである。ひとつの文の中にこういう同音が重なるのは、できることなら避けたい。

くりかえしの部分を除いてＡＢを書き改めてみると、

Ａ′　この文章が印象深いのは、学生の様子を巧みに描いているからでしょう。とくに女子学生がよく書けています。

Ｂ′　これは早急に解決しなければならない問題です。しかし、その方法はごく手近なところにあるということがわかっていないのです。（「その方法が……」とすると、あとの「ということが」の「が」と重なっておもしろくない）

そんな小さなことにこだわっていては文章など書けなくなってしまうと言う人が

あるかもしれないが、決してどうでもいい些事ではないのである。文章を読みやすくするのに、もっとも大切な点のひとつかもしれない。

だいぶ前に亡くなったが、佐々木邦というユーモア作家がいた。だれにもたいへんよくわかる文章で小説を書くというので、多くの愛読者をもっていた。

縁があって、佐々木さんのところへときどき伺った。あるとき、

「どうしたらわかりやすい文章が書けるのでしょう」

とたずねてみた。すると、佐々木さんは

「同じことばをくりかえさないことですね。同じことばがすぐ近くに出てくる文章は読む人に難しいという感じを与えるようです」

と言われた。さらに、四百字原稿用紙一枚の中には同じ語をなるべく二度は用いないようにしている、とも洩らされた。感銘を受けたので、三十年たったいまもあざやかに記憶している。

同じことばのくりかえしはそれくらい重大なことなのである。なおざりにはでき

ない。

これは文章の上だけのことではなさそうで、話をするときも同じことが言えるようだ。亡くなったはなし家の三遊亭円生が、

「何でございます。この、同じことばを二度使いますってえと、どうもよろしくないようで……」

とひいきの客に話したという。わたくしたちは日ごろ同じことばを何度でもくりかえす会話をしている。相手にさわやかな感じをもってもらうには、それを避ける心掛けが必要であろう。

ところが、日本語はどうもくりかえしが多くなる宿命を背負っている。

谷崎潤一郎は『文章読本』の中でこう書いている。

「日本語は……センテンスの最後へ来るものが、形容詞か、動詞か、助動詞であることに、殆んど一定してをります。稀には名詞止めもありますが、大概は以上の三つの品詞、分けても助動詞が多く、従つてセンテンスの終りの音に変化が乏しいのであります。昔、終りの文字を「たりき」と書きたがる癖の学者先生があつて、

『たりき先生』と云ふ渾名を取つたと申しますが、それでも文章体の方は相当に変化しますけれども、口語体になると、此の欠点が特に著しい。大部分が『る』止めか、『た』止めか、『だ』止めであります」

文の終りが同じ「た」とか「る」とかで終らないように気をつけるだけでも文章ははっきり読みやすくなる。ところが、そこに注意している人は案外すくない。心の耳がよくないのである。

音楽でバリエイション、変奏ということを言う。テーマが出る。それをくりかえすとき、同じメロディではなく、多少変化した形にする技法である。まったく同じ旋律が何度もあらわれると、時間が停止しているような錯覚をおこしかねない。バリエイションは曲が展開していることをはっきりさせる効果をもっている。

文章でも似たことが言える。主題となることばはどうしてもくりかえし使う必要がある。しかし、なるべくそのままの形にはしないで、似たような別のことばで言いかえる工夫をする。

Aの「よく書けている」「よく書かれている」とは重複になるから、「巧みに描いている」と「よく書けています」とに変えたのも、バリエイションの一種である。
文章を書くときにはこのバリエイションのことを忘れないようにしたい。

長文と短文

長文とは、何十枚もの長い文章ということではない。ひとつの文（センテンス）が長いということである。

いまの日本語では、四十字から五十字ぐらいが標準である。それを大幅に超えて、七、八十字というのは長文で、反対に二十字前後のセンテンスを重ねて行くのが短文である。

長いセンテンスを書くか、短いセンテンスを書くかは、個性によるという考えがある。つまり、スタイルだというのである。それも抽象的なものではなく、生理的条件によってきまるという説だ。

肥った人は短いセンテンスを好み、痩せている人は長いセンテンスを書く——これが文章の生理説（?）である。肥った人は息が短い。無理をして長い文を書こうとすると、疲れる。うまくいかない。小さく刻んでいく方が体質にも合う。呼吸の早さは文章のテンポにも影響するという考え方である。

それとは別に、どこの国でも、昔に比べてひとつのセンテンスの長さがだんだん短くなってきた。ことにヨーロッパでは、その傾向が顕著らしい。

まさか、人間がだんだん肥ってきたためではないだろう。そこには書く側の事情を離れて、読む側の都合がものを言っていると思われる。というのも、長い文には複雑な要素が含まれていることが多く、それだけ理解が難しい。短文は構造も単純にならざるを得ない。読むものにとってわかりやすい。

文章の受け手の立場がつよまるにつれて、読みやすい書き方が好まれるようになる。多数の読者に読まれることを願うマスコミの表現が、センテンスを短くする傾向の牽引車の役割を果してきたのであろうと想像される。

そういう文章に慣れた読者は、すこし長い、こみ入った文章を実際以上に難解だと感ずるのかもしれない。一般に短文が好まれるようになった。

長いセンテンスを書くか、短いセンテンスを書くかは、その人、その人の好みと習慣による。どちらがいいと一概にはきめられない。ただ、そういう区別のあることと、現代においては、長いのより短い方が読者に喜ばれる傾向であることは心得ていた方がよいように思われる。

まだ、長文とも短文とも、スタイルのきまっていない人は、短いセンテンスが書けるように心掛けたいものである。その気になれば、短文の方が楽に書ける。

友人が転勤する。ごく親しいものだけの送別会をすることになって、案内状を書くとする。

> めっきり冷えるようになりましたが、お元気のことと存じます。
>
> さて、ご案内のように、大木一雄君が転勤で九州へ行くことになりましたが、東京と福岡ですから、たいして遠くへ行くわけではありませんが、これまでほど顔を会わせることはできなくなりますでしょうから、一夕、同君を囲ん

> で歓談し、行をさかんにしたいと思い、左記により小宴を計画いたしましたので、ご多忙とは存じますが、ご出席下されば幸いです。

この文章のよくないところは、長文だという点である。「さて、……」で始まるセンテンスが終りまで切れない。何と百六十字を超える。なぜそんなに長くなったかと言うと「が」の使い方が安易なためである。

「めっきり冷えるようになりましたが、お元気のことと存じます」でも、「が」がどういう意味かはっきりしない。しいて言えば、風邪など引きやすい季節ですが、と、解釈できないこともないけれども、そこまで立ち入ってはしつこくなる。「めっきり冷えるようになりました。お元気のことと存じます」と二つのセンテンスにすることができる。これをすっきりしていると見るか、ぶっきら棒と感じるかはめいめいの好みである。ただ、「が」、とくに意味のはっきりしない「が」は、なるべく使わないことだ。

これは、清水幾太郎氏が『論文の書き方』ではじめてはっきりした形でのべた、たいへん有益な注意である。

さきの案内状のあとの部分を短文仕立になおしてみる。

「さて、ご案内のように、大木一雄君が転勤で九州へ行くことになりましたが、東京と福岡ですから……」

いかにもごたごたしている。

「さて、ご案内のように、大木一雄君が九州へ移ることになりました。飛行機なら一時間とちょっとの東京と福岡です。たいして遠くではありません」

といった風にすると、きりりとする。全体はこんな具合になる。

> めっきり冷えるようになりました。お元気のことと存じます。
>
> さて、ご案内のように、大木一雄君が九州へ移ることになりました。飛行機なら一時間とちょっとの東京と福岡です。たいして遠くではありません。それでも、いままでほど顔を合わせることはできなくなると思います。一夕、同君を囲んで歓談し、行をさかんにいたしたく、左記により小宴を計画いたしまし

た。ご多忙とは存じますが、ご出席下されば幸いです。

お気付きの方もすくなくないと思うが、この本もなるべくセンテンスを短くしようと心掛けている。すこし短すぎると思われる方があるかもしれない。

つなぎ

なるべくセンテンスは短くした方がよい、と書いた。

文と文とを「が」で結ぶのはなるべく避けた方がよい、とも言った。

そうすると、どうしても、「そして」とか「しかし」のようなつなぎのことばをたくさん使いたくなる。短いセンテンスを並べただけだと、前後がうまくつながらないような不安があるのかもしれない。古い例文で恐縮だが、次の文章を読んでいただきたい。

「なぜ〝東京〟がダメで、〝京都〟なのであろうか。これは観光のことではない。なぜノーベル賞は京都なのか、という問題である。というのは、こんどノーベル化学賞を受けた福井謙一京大教授もそうだし、湯川秀樹、朝永振一郎、江崎玲於奈氏など科学関係の受賞者は、いずれも三高ないし京大で、学問をはぐくんでいる。しかし経済大国の首都トーキョーは、そういう人材を生み出していない。これには世界に誇る独創的研究を育てにくい理由でもあるのだろうか」

　惜しいことに、余計なつなぎのことばが目について、文章の勢いをそいでいる。「これは観光のことではない」の「これは」がなくもがなである。「これ」にきまっている。言わなくてもわかる。京都だからと言っても、「観光ではない」とすればよくきく。

「なぜノーベル賞は京都なのかという問題である」というのも、ことばが遊んでいる。ただ「ノーベル賞のことである」とすればよい。

「というのは……」もそうだし、だいいち落着かない。ただ、必要なことだけ、「こんどノーベル化学賞を受けた福井謙一京大教授をはじめ、湯川秀樹、朝永振一郎、江崎玲於奈の四氏が、いずれも京都の三高、京大で学問をはぐくんでいる」と書けばよいのである。

次の「しかし経済大国の首都トーキョーは、そういう人材を生み出していない。これには世界に誇る独創的研究を育てにくい理由でもあるのだろうか」も、「しかし」「これには」という二つの余計なつなぎがいけない。「経済大国の首都トーキョーには、世界に誇る独創的研究を育てにくい何かがあるのだろうか」とでもすればぐっとひきしまる。

全体を書きなおしてみると——

「なぜ〝東京〟がダメで、〝京都〟なのか。観光ではない。ノーベル賞のことである。こんどノーベル賞を受けた福井謙一京大教授をはじめ、湯川秀樹、朝永振一郎、江崎玲於奈の四氏が、いずれも京都の三高、京大で学問をはぐくんでいる。経済大国の首都トーキョーには、世界に誇る独創的研究を育てにくい何かがあるのだろうか」

となる。つなぎの接続詞がない方が文章がすっきりする。

われわれ日本人が英語を書くと、センテンスとセンテンスとの連結が不安になる。前の文と続かないのではないかというような心もとなさを感じる。つい、つなぎのことば、接続詞を頭にかぶせた文を書くことになる。「したがって」(therefore)、「そして」(and)、「しかしながら」(however)、「しかし」(but) といったことばがたえず出てくる。そして、それにはほとんど気付いていない。

英語の作文の本に「センテンスを、〝そして〟(and) とか〝しかし〟(but) で始めるのは悪文である。そういう書き方をしてはいけない」とあるのを見て、われわれは愕然とする。いけないと言われることをさかんにやっているからだ。

英語の文章だけのことではない。日本語の文章でも、前後の文章を結びつける論理的接続詞を乱用しないようにすると文章がよくなる。

そうは思っても、はじめは、つなぎを入れないと、ブツブツ切れたものになってしまいそうに思われる。つなぎを入れなくても乱れないようにするには、ひとつひとつのセンテンスをある流れの中に置けばよい。かりに、ABCDEという五つのセンテンスをこの順に書くとする。これを

というように並べるのなら、ＢＣＤＥの頭のところへ、「そして」とか「したがって」とかのつなぎは不要である。前から次の文は流れにしたがって展開する。「したがって」と念を押すには及ばない。

ところで、もし、これが

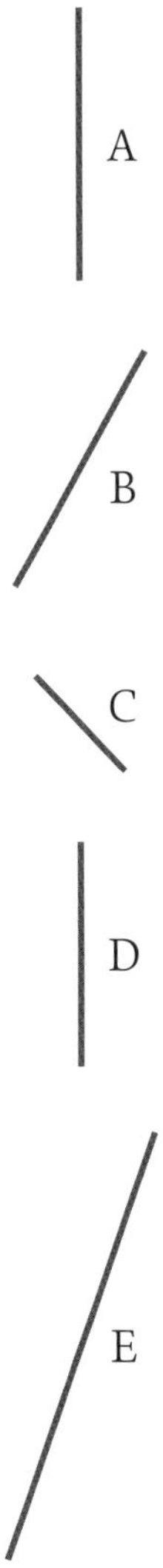

といったように並んでいるとすると、支離滅裂なことを言っているような印象になる。そうではないことを示すには、つなぎの接続詞を用いなくてはならなくなる。

Ａであるが、「しかし」Ｂのようにもなる。「それに対して」Ｃであるとも言うことができる。「また」Ｄも正しく、「したがって」Ｅとなる……。こういう文章になる。方向の違うものを無理やり、一線に並ばせようとする。書く方も苦労するし、読む方も疲れる。

目に見えない文章の論理、文脈をはっきりさせる。それに沿って、センテンスを置いていけば、つなぎのことばなどなくても、バラバラの印象になることはない。むしろ、センテンスとセンテンスの間に多少の空白がある方が、読んでいてさわやかな感じがする。

飾り

中学生にきいてみる。

A　白い

B　よりいっそう白い

C　もっとも白い

のうち、どれがいちばん白いだろうか。たいていのこどもは「Cにきまっているじゃありませんか」と答える。さて、どうであろうか。やはりCとお考えの方がすくなくないだろう。ところが、そうではない。

いちばん白いのは、Aのただ「白い」である。Bは「よりいっそう白い」とあって、いかにも、Aよりさらに白いように見えるが、そうとはかぎらない。

甲も白い。乙も白い。この甲乙を比べて、乙の方が甲よりも白ければ、Bの「よりいっそう白い」が使える。二つのうちでは、乙の方が白さがまさっているが、甲がどれくらい白いかによって、乙の白さも変わってくる。

　さらにCの「もっとも白い」はAはもちろんBよりも白いように考えがちだが、これも問題である。ここに三枚の紙があるとする。どれもうすく汚れている。そのうちの一枚をさして、これが「もっとも白い」と言ったとすると、この「もっとも白い」というのは、〝三枚のうちでは〟ということで、どこへ行っても「白い」と言って通用するのではない。

　それに対して、Aの「白い」は百パーセント白い。どこへ出しても白いのである。絶対的だ。これがいちばん白いことになる。「よりいっそう」とか「もっとも」とかをつけると、それだけ割引きされてしまう。「たいへん」とか「すばらしく」といったことばを添えても、同じように、白さを強めたことにならず、かえって、弱めることになりかねない。余計なことばは使わないことだ。

「豊かな人間性とすぐれた個性をそなえたりっぱな職員になろうと新たな希望をもって、新しい職場へ移りました」

これはある人が転勤に当たって知友に送ったあいさつ状の一部である。形容詞の「豊かな」「すぐれた」「りっぱな」「新たな」「新しい」が浮いている。「すぐれた」と「りっぱな」、「新たな」と「新しい」はことばも似ていてきき目がすくない。

思い切って、削ってしまうと、

「個性をもった職員になろうという希望をもって新しい職場へ移りました」

と、すっきりする。形容詞があった方がいい文章のような錯覚をもっている人があるが、なるべく削る。贅肉が落ちる。

「四月。目に映るものみなすべてが新鮮であった。学生にとっての一年は確かに四月から始まるのだから、当然と言えばそれまでだが、あれほど夢見ていた世界の扉を自分で押しあけたという実感で、以前とは比べられないほどの輝きを放っていた」

これは大学へ入ったばかりの学生の書いたものである。飾りのことばが多すぎる。ことに副詞的表現が目につく。「ものみなすべてが」「確かに」「あれほど」「以前とは比べられないほど」など。どうしてもなくてはならないものはほとんどない。こういう飾りがついているために、この文章は、安ものの装飾品をつけた人のような感じになる。なくてよいものはつけてはいけない。

「四月。目に映るものがみな新鮮だった。学生の一年は四月から始まるのだから、当然かもしれないが、夢に見ていた世界の扉を自分で押しあけたという実感があって、まわりがこれまでとは違った輝きを放っていた」

飾りに目を奪われていると、肝心な筋道を見失ってしまう。元の文にしても、最後のところ

「以前とは比べられないほどの輝きを放っていた」

の主語がはっきりしない。「目に映るものすべて」かもしれないが、間にいろいろと入っていて、それと結びつけるのは無理である。だとすると、主語なしの文になる。修正した方に「まわりが」という語を加えたのはそのためである。

形容詞や副詞を乱用しない。これが文章の心得で、飾りたくなるのは幼いのだと思ってよい。

お手本になるのは、おとぎ話の文体である。よけいなものがほとんどない。

「昔、昔、あるところに、おじいさんとおばあさんがおりました」

「それはそれは遠い昔、昔のこと。たいへん賢いおじいさんと、それはやさしいおばあさんがおりました」

などとしては、おとぎ話の味は出ない。虚飾のある表現では何度かくりかえしていると厭味になってくる。くりかえしくりかえし語られている話は、余計なものを引きずっていてはいけない。古典的表現は一般的に修飾のことばのすくないのが特色である。

「大きなモモが流れてきました」

「おいしそうな」というようなことばはない。「大きな」は必要な形容である。

おとぎ話には、副詞もあまりない。もし、

「燃えるような赤い花が咲いていました」

などという童話があれば、昔の話ではなく、近年になって創作されたものと考えてまず間違いないだろう。

飾りをすくなくすることは、ことばの生地の美しさを見せることにもなる。

段落

池田成彬氏は戦前、三井財閥の大番頭と言われた財界人である。戦後追放になって静かに暮していたが、ひまだろうというので雑誌社が原稿を依頼した。いついつまでに、四百字原稿用紙何枚という型通りの註文を受けた池田さんは、きちんと約束を守って原稿を書いた。

それを見た令息の池田潔氏がびっくりした。潔氏は慶應大学の教授で、エッセイストとしても有名だった方である。お父さんの原稿は原稿用紙の隅から隅まで、一字もあけることなく文字で詰っていたのである。いかに実業家としては偉くても、はじめての雑誌原稿で勝手がわからなかったのであろう。令息が、書き出しは一字下げること。段落をつけること。新しい段落も一字下げて始めること。そういう〝常識〟を教えた。

ところが、お父さんは承知しない。四百字何枚という註文を受け、承知した。原稿用紙に白いところが残っていては註文通りではないことになる。原稿料は何枚分に対して支払われるのだろう。埋めていないところがあるのに、原稿料をもらうのは良心が許さない……とまあ、そう言うような理由をあげて反論したというのである。

経済人としての合理性をうかがうことのできるエピソードだが、つまりは成彬氏が文章には段落（パラグラフ）をつけるものであることをご存じなかったという話である。昔の学校では教えなかったのであろう。

いまの学校では教えないことはないが、段落とはどういうものか、自分はどういうパラグラフのつけ方をしているのか、それがはっきりしている人はそれほど多くないところを見ると、やはり、徹底した教育が行われているとは言えない。

もともと、日本語にはパラグラフというものがない。源氏物語などにも段落はないのである。昔のことだけではない。

いまでも、手紙には段落をつけない方が正式になっている。たとえば毛筆で巻紙に書く書簡には段落はつけない。長い間そういうことに慣れてきた日本人だから、つい、段落のことを忘れる。新聞も戦前は段落がはっきりしていなかった。

ところが、外国では、きわめて厳重である。パラグラフのない文章は文章と認められない。明治になって、そういう外国の習慣を見て、真似をしたのが、段落であった。日本に入って、まだ、百年とすこしくらいにしかなっていない。しっかり根をおろしていなくてもしかたがないだろう。

英語などの文章だと、パラグラフの形式は、十行から十五行くらいの長さで、まとまったことを言う単位になっている。すこし固い文章だと、まず、一般論を二、三行書き、ついで十行内外の具体論をして、最後にまた二、三行の一般的な言い方の文章をもってくるというのが典型的なパラグラフの構造になっている。

論文を書くときは、こういうパラグラフを重ねて行く。それがちょうど煉瓦のような役を果す。積み重ねていくといくらでも大部な論文になる。外国の論文ががっちりした構成をもっていることが多いのは、単位としてのパラグラフが堅固だからであろう。

それに比べて日本語のパラグラフ、段落はどうか。一字下げて書き始める、という慣習は外国の模倣をしていて違うところはないが、内部構造に至ってはまったく自由である。しっかりしたパラグラフ感覚をもっている日本人はむしろ例外と言っていい。

書いていて、すこし長くなってきたから、このあたりで改行して、気分を変えようか。そういう段落のつけ方をしていることもすくなくない。形式段落である。気分段落とも言うべきもので、英語のパラグラフとは似て非なるものと言うことができる。

しかし、日本文にも段落がなくてはいけない。大体の目安として、一段落は二百字から三百字の長さが標準とされる。

注目すべきは、段落がすこしずつ短くなる傾向にある点である。かつては、四百字原稿用紙一枚に一度くらいの改行がよいとされていたらしいが、いまではそれではすこし長過ぎるようである。

段落は長いより短い方が読みやすくなる。戦後、某出版社が読みやすくするために、極端に改行の多い新書を出した。それは段落とは言えないほど短かった。ときにはセンテンス毎に改行してある。さらさら読めるといって、読者には好評をもって迎えられたらしい。

そういうことも手伝って、ここ数十年の間に、段落は平均して短くなってきた。読みやすさ、あるいは、とっつきやすい感じを与える効果はあるが、文章全体の大きな流れを、書く側でも読む側でも見失う危険も大きい。

具体的な心得として、まず、書きたいことを箇条書きに書き出す。そのひとつひとつを一つの段落で言えるかどうかを考える。一つのパラグラフで無理なら、二つあるいは三つと見当をつける。

そうすると、全体でどれくらいの段落の文章になるか、あらかじめ予定が立つ。二十五段落だとして、その人が平均百五十字〜二百字の段落を書いているとすれば、三千七百五十字から五千字、つまり四百字原稿用紙で十枚から十三枚くらいの長さでまとまることがわかる。

この本ではパラグラフをもうすこし短くしてある。ならして見ると百五十字弱であろう。

もうひとつ付け加えると、段落と段落の間の論理は、すこし飛躍していた方がよいようである。

である調、ですます調

いまの日本語には二つの文体がある。語尾を「である」で結ぶ「である」調と、「です」「ます」で終る「ですます」調。この本は「である」調で書いている。

もともと、活字になる文章は「である」調が標準となっていた。戦前は「ですます」調の文章を印刷で見かけることは、まずなかった。座談会など速記をおこしたものは別である。

戦後になって、「ですます」調がふえてきた。お役所が「区民だより」といった印刷物を作って広報活動をする場合、「ですます」が普通である。

「……である」などという文章では行政が威張っているように感じる人が多くなっ

たのかもしれない。「ですます」だと、親切なような印象を与える。かたくるしい公式の文書だと思われたくないと役所の方で考えるからか。

そう言えば、官庁公衙《こうが》からの通信の宛名には「殿」をつけるのがしきたりだった。このごろは、個人間の私信にも「殿」をつけて、「様」より高い尊敬をこめたつもりになっている人がすくなくない。どうしてそんな誤解をするようになったのか。きいてみると、役所が「殿」を使っているところをみても、よほどの尊敬をあらわすだろうと思った、というのである。

それくらい、役所は住民に対して低姿勢であると思われているのだろうか。他方、官庁の中には、「殿」ではいかにもお役所風を吹かせているようでおもしろくない。これからは「様」にしようというので、「殿」という呼称をやめてしまったところも出て、またたくまに広まってきた。

とにかく、いまの官庁はいかにしたら親しみやすい感じを与えることができるかに心をくだく。通達告知の文章がすべて「ですます」になってしまったのは自然の成行きであろう。

「ですます」調になったのは、お役所関係の広報文書だけではない。こどもの読みものは、昔から「ですます」になっている。女性向きの月刊誌などもそうである。ＰＲ誌の一部にも「ですます」調が用いられる。ＰＲ誌といってもさまざまで、総合雑誌を思わせる硬派のものもある。そういうのは「である」調だが、一般消費者への呼びかけを目的としたＰＲ誌は「ですます」調が普通で、コミュニティ・ペーパーなども同じである。

こうして見ると、「ですます」調は女性とか児童向けの文章に多いことがわかる。やさしい感じを与えるのも、そういう点が関係しているのかもしれない。それで、この調子が年を追って多くなってきた。このごろ雑誌などの原稿依頼のときに、「ですます」調で書いてほしいという註文のついていることもある。

もっとも、「ですます」を嫌う人もある。やさしそうに見えても、どこか冷たい響きをもっているというのだ。なぜか、よくはわからない。いまの教科書に「太郎くんが鉛筆を二本、次郎くんは鉛筆を三本もっています。ふたりの鉛筆を合わせると何本になりますか」とあったからと言って、こどもは別に教科書がやさしいとは思わない。昔の教科書のように「太郎が鉛筆を二本、次郎は三本もっている。ふたりの鉛筆を合わせると何本になるか」としても別におかしくない。
しかし、いまは全体にことばが女性化してきているから、「二等辺三角形の頂角をＡとせよ」などという表現に抵抗がある。そのうちに「二等辺三角形の頂角をＡとします」などとなるかもしれない。

読み手を直接頭に描いているときには、「ですます」調がしっくりするし、改まって、読者を第三人称と感じているときには、「である」の方が落着く。どちらがよいときめてしまうことはできない。

問題は、「ですます」調で書くと、文末語尾が「です」「ます」のくりかえしになって、単調になりやすいことである。うまいバリエイションを考えなくてはならない。それに、「ですます」はすこし冗長な表現になる。きりりと締めるには「である」調の方がすぐれている。

読み手を目の前にしているような気持で書くものとしては、手紙が代表的であろう。いまの手紙はすべて「ですます」になった。ほかでは「である」調の文章を書いている人でも手紙だけは例外。

このごろ手紙が書かれなくなったと言われる。理由のひとつに、「ですます」で書く難しさが考えられる。「ですます」が意外にうまく書けない。戦前の手紙は候文が標準文体であった。いまの人からみるとずいぶん窮屈な書き方のように思われるが、なれてしまえば、候文の方が「ですます」よりもはるかに書きやすい。候文は型ができているのに、「ですます」文体はまだ典型に達していない。

そうは言っても、これからはいよいよ「ですます」調の文章が多くなるに違いない。「である」でも「ですます」でも、どちらでも書けるようにしておく必要がある。

放胆文

中国においては昔、科挙《かきょ》というはげしい競争の官吏の登用試験が行われていた。それが、いまで言う論文の試験であったから、志のあるものは、とにかく文章術を磨かなくてはならない。

それには手引がいる。文章道の作法を説いた受験参考書として有名なものが、いまから七百年も前にできている。さすがに中国は文の国である。『文章軌範』という本で、宋の謝枋得《ぼうとく》（一二二六〜一二八九）の編纂したものだ。それまでの模範文を集めているが、どれくらい読まれたか、わからないほど広く行われた。

この『文章軌範』はわが国へ入っては、作文の教科書として愛用された。漢詩、漢文を作るのは江戸時代の儒者にとっては必須の教養であった。それを習うのにこの本はもっとも手頃だったから、大流行した。中国ではいまなかなか手に入らないくらい、粗末にされ、読み捨てられたのに、日本では古書店の店頭ならどこでも見られるようになった。

ところで、この『文章軌範』は七巻に分かれている。その第一巻と第二巻が「放胆文」である。各巻のはじめに説明がついているが、それによると、

第一巻　放胆文

大凡《およそ》文を学ぶは、初めは胆の大なるを要し、終りは心の小なるを要す。粗より細に入り、俗より雅に入り、繁より簡に入り、豪蕩より純粋に入れ。此の集は皆、粗枝大葉の文にして、礼儀に本づき、世事に老《た》け、人情に合す。初学之に熟せば、其の胸襟を開広し、其の志気を発舒《はつじょ》し、但だ文の易きを見て文の難きを見ず、必ず能く放言高論して、筆端は窘束《きんそく》（萎縮すること）せざらん。

このようにのべている。つまり、はじめは、あまり小さなことに心をわずらわすことなく、思い切って、大胆に書けというすすめである。大まかなところを書いて、それができてはじめて、こまかいところに心を用いよ。書きやすいところから入っていけば、のびのびして、言いたいことが言いやすい、というのである。

そういう書き方に習熟すれば、文章なんかなんでもなくなり、筆が萎縮する心配もないものだと教えている。

文章を書くのはなかなか骨である。上手に書こうとすれば、なおさらだが、それかと言って小さなことを気にしすぎるのも禁物である。文章を書く前に、あれこれ文章上達法などを読むのも賢明ではない。いくら水泳の方法を畳の上で教わっても、水に入ってみなくては話にならない。泳ぐには水のすこしくらいは飲むかもしれないが、とにかく沈まないで進めることが肝心だ。

浮くようになってから、水のかき方を考えればよろしい。まるで泳げないうちに、水のかき方、水のけり方などいくら教わっても何もならない。そんなことに気をとられていると、かえって泳げるようになるのがおそくなってしまう。

文章に上達するには、とにかく書いてみることである。思ったことをどんどん書いていく。そうすれば、文章などなんでもないと考えるようになるだろう。そうしたら、はじめて細部に気をつける。「初めは胆の大なるを要し、終りは心の小なるを要す」というわけである。

はじめから細部まで非のうちどころのない文章など書けるわけがない。細かいところと大筋のところの、どちらを先にするかと言うと、粗枝大葉、大筋のところが大切だ、というのである。部分部分の小さいところはよくできているが、全体としての目鼻立ちのはっきりしない文章は、『文章軌範』がここですすめている「放胆文」の逆になる。

放胆文は決して、乱暴な文章というわけではない。骨格のしっかりした、のびのびした、勢いのある文章ということである。それを文章作成の第一の心得としたところはさすがである。いくら誤字がなく、文法的にも間違いはなくても、「胸襟を開広し」、「志気を発舒し」ていない文章はおもしろくない。人も読んでくれない。

ここで漫画家の書く文章のことを思い合わせる。漫画家は絵を描くのが専門だが、どういうものか、すぐれた文章家が揃っている。かねてから、なぜだろうと不思議に思っていたが、やがて、漫画を描くのは文章を書くのに通じるところがあるのではないかと考えるようになった。

漫画ではあまり細かいところにこだわってはいけない。ごく大まかに、大切なところだけを描いて、あとは省いてしまう。普通の絵画では、そういうのはデッサンと言われる。細部を放っておいては絵画にならない。ところが、漫画ではむしろデッサン程度が適当なのである。

文章も漫画くらいの省筆がよい。すくなくとも放胆文というのは、漫画家が漫画を描くようなつもりで書いた軽妙な文章に通じるところがある。

ていねいに、正確に描写することはもちろん必要である。しかし、それは、もっとも大切なところがどこであるか、それを思い切って、大胆に表現することができるようになってから心がけても決しておそくない。

妙に技巧的になったりしないで、思っていることを存分に書く、放胆文は文章を書こうとする人のまず目標とすべきものであろう。初めから完璧な文章を目指すと、かえって、進歩がおそくなる。

とにかく書いてみよ、というのではいかにも無責任なように聞こえるかもしれないが、放胆文は七百年昔の中国ですでに推奨されていた方法である。やはり、とにかく、のびのびと書いてみることだ。

わかりにくい文章

「連休二日めの日曜日のきょうは、日本列島はきのうに続いてほぼ全国的に絶好の行楽日和に恵まれ、行楽地はどこも、本格的な深まりを見せた秋の一日を楽しむ、家族連れなどでにぎわいました」

この文章をざっと読んでみる。なんとなくごたごたした感じではないだろうか。

その理由のひとつは、センテンスが長いこと。八十七字もある。

もうひとつ、それと関係するが、ことばの並べ方が日本語としてわかりがわるい。日本語は名詞が先に立ち、形容詞（あるいは動詞）があとにくる順になっている方がわかりやすいのである。

「連休二日めの日曜のきょうは」

というのは形容の修飾語が先行して、あとに名詞が来て、形容詞先行になっている。名詞を先にすれば、

「きょうは連休二日めです」

とセンテンスを終ることができる。

「日本列島はきのうに続いてほぼ全国的に絶好の行楽日和に恵まれ」

のところは、名詞が先行し、動詞があとになっているから、さほど難しくない。

　問題は、そのあと。

「行楽地はどこも、本格的な深まりを見せた秋の一日を楽しむ、家族連れなどでにぎわいました」

「本格的な深まりを見せた秋の一日を楽しむ」は「家族連れ」にかかる修飾語である。動詞をもっと早く出さないといけない。

「行楽地はどこも、たいへんなにぎわいで、家族連れなどが秋の深まり行くのを楽しんでいました」

とでもすると、いくらかよくわかるようになる。

　これは、昭和五十六年十月十一日のＮＨＫ午後七時のニュースである。

　同じ時間のあとの方で

「渓谷美と奇岩で知られる北海道旭川郊外のカムイコタン。いまが紅葉の盛りで、カエデやナナカマドがみごとに色づいています」

というところがある。後半に問題はないが、はじめのところがすらすらと頭に入らない。修飾が先に出て、名詞があとに続くからである。

「北海道の旭川の郊外にカムイコタンというところがあります。渓谷美と奇岩で知られています」

とすれば何でもない。なるべく名詞を前に出すようにすると、表現がなだらかになる。きいてわかりやすい。

　この日のニュースでも、わかりやすい言い方をしているのもあった。

「こちらは、奈良の西大寺です。人の頭より大きな茶わんでお茶を飲む、大茶盛《おおちゃもり》が行われました。この大茶盛は、鎌倉時代に寺を再興した叡尊《えいそん》という僧侶が、正月に茶をふるまった故事にちなんだもので、春と秋の二回、行われています」

　ここでも、

「この大茶盛は、鎌倉時代に寺を再興した叡尊という僧侶が……」というように、修飾が先行している。しかし、さほどうるさく感じないのは、言い方がたくみなためだと思われる。

「この大茶盛は叡尊という鎌倉時代の僧侶の始めたものだと伝えられます。叡尊は西大寺の中興の祖といわれますが、正月に茶をふるまった故事が起源だといわれ、いまは、春秋二回行われています」

　よくわかる文は、主語と動詞が一つずつである。そうすれば、自然、センテンスが短くもなる。

　ところが、この一文一主語というのがなかなか難しい。ことに改まった文書などだと、どうしても、主語がはっきりしなくなる。

　はじめに引用した「連休二日めの日曜日のきょうは」でもそうで、ここに、「きょうは日曜でした。連休の二日めです」という二つの文をふくんでいる。「日本列島は……行楽日和に恵まれ」にしても、「きのうに続いて日本中ほぼ全国的に絶好の行楽日和に恵まれ」の前に「日本列島は」という主語がついているのがわかりにくさを増している。一文一主語主義をなるべく守るようにする。そして、名詞（主語）を先に立て修飾をあとにする方針で書くと、比較的簡明な文章になる。

短いセンテンスが書けるようになるのはかなりの練習が必要だが、それができるようになったら、こんどは、すこし息の長い、しかし、筋の通った文を書く稽古をする。あまり短い文ばかり並べていると、ブツブツ切れ切れになったような印象になる。短いセンテンスと、長いセンテンスを適当に組み合わせるとリズムが出てくる。

パラグラフも同じで、長いパラグラフの続いたあとは短いパラグラフを入れると、変化が出ておもしろくなる。

文章は単調を嫌う。いくら短いセンテンスがいいからと言って、それだけで通してはおもしろくない。こういうことも、文章を書きなれてくれば自然にわかってくるものである。はじめはわかりにくくても必ずしも心配するには及ばない。

〝五つの時計〟

アメリカの田舎の駅での話。

この駅には時計が二つあるが、いつもだいぶ違った時を示していた。ある乗客が駅長に、なぜ合わせておかないのか、と詰問した。そのとき駅長さん、すこしも騒がず、こう答えた。

「同じ時刻なら、二つの時計はいりませんからね」

なんとものんきな話だが、この笑い話にヒントを得て、言語学の本を書いた学者がアメリカにいる。マーチン・ジョーズという人で、『五つの時計』という題がついている。これは、笑い話ではなく、しごくまじめな本で、ことばは五通りの使い分けがなされるということをのべたもの。

ことばには、五通りの言い方がある。ジョーズによると次のようになる。

1　凍結体
2　公式体
3　標準体
4　口語体
5　俗語体

手紙の書き出しのところを、この五つの文体で書き分けてみると——

1　粛啓　時下益々御清穆の段大慶に存じ奉り候。
2　謹啓　時下益々ご清祥のこととお慶び申し上げます。
3　拝啓　過しよい季節となりましたが、お変わりないことと存じます。
4　前略　ごぶさたしておりますが、お元気ですか。
5　どうしてる？　はがきも書かず、ごめんね。

こうしてみると、それぞれ相手がおのずからきまってくるのがわかる。

1は古風な書き方だから、よほどの年輩でないと、こんな候文では胆をつぶす。

2はもっとも正式な書き方。ごく改まったときに用いる。面識のない人にあてる手紙ではこれが無難であろう。知った人でも改まったときにはこの文体がよい。

3は普通のスタイル。

4は友人などにあてて書く書き方。くつろいだ調子である。

5はきわめて、くだけた書き方で、いくらぞんざいな調子でも相手が気にしないばかりか、むしろ、それを親密さのしるしとして喜ぶようなときに用いる。へたに、相手を間違えると、手紙一本も書けないと言って笑われる。用心が必要。

同じことを書くにも、このように五通りに書き分ける必要があるというわけで、時計で言えば、二つでは足りず、五つもっていなくてはならないということになる。ときと場合によって、どの時計によって書くかを考えなければならない。

時計のたとえではなく、服装の比喩で考えてみるとどうなるか。

1は、紋付はかまの正装。若い男性ならば結婚披露のときでもなければ、そんな恰好はしない。

2は正装、あるいはモーニング姿というところ。

3が普通のよそ行き。男なら背広姿がこれに当たる。

4は家庭でくつろいでいるときの普段着。セーターを着ているかもしれない。ジャンパー姿でいる人もある。

5はパジャマを着ているようなもの。よその人には見せられない。

いくらのんきな人でも、寝間着のままで、食事はしない。ましてや、そのままで、訪ねてきた人に会ったりはしない。もし、そんな姿でバスや電車に乗ったりする人がいれば、おかしく思われる。

服装については、かなり常識がよく行われている。モーニングを着て寝るトンマもなければ、ジャンパーを着て、結婚式に出席する非常識な人間もない。

ところが、ことばの服装では、それに似たことをして平気な人がすくなくないのは不思議だ。友だちに向かってならいいことばを未知の人にかまわず使う。はじめて訪問する家へ、ランニングシャツ一枚で飛び込んで行くようなもの。

ことばはことば、服装は服装。無理に結びつけてはいけないと考える人があるかもしれないが、案外、根がある。ことばの書き分けのことを、スタイル（文体）という。服装の様子のこともスタイル。どちらも姿ということである。こうしてみると、両者は決して無縁ではない。

服装にはこまかいところまで心を配るスタイリストが、ことばのスタイルにはまるで無頓着というのではおかしい。ベストドレッサーのせっかくのおしゃれも、ことばの身だしなみがよろしくなければ、台なしになってしまう。

ことばのスタイルが五段階にも分かれていては頭が混乱するという人があるかもしれない。いつもセーターで通しているという向きには急に五つのスタイルを考えよと言っても無理なら、せめて三つのスタイルを準備するように心掛ける。

1′　改まった言い方

2′　標準の言い方

3′　くだけた言い方

3′のくだけた言い方は別に努力しなくても、日ごろ使っていることばそのままでよい。標準体は、「ですます」調だとしてよかろう。改まった言い方は、「である」

調に相当するが、もちろん、手紙などでは「である」調は使えない。尊敬語、丁寧語、謙譲語を用いた言い方が1′の文体になる。

いずれにしても3′のパジャマ姿で外を歩き回ったりしないようにしなくてはいけない。

第3章

心をつかむ構成

一口に言えること

ものを書くには、何を書くのかがはっきりしていないといけない。

ただ何となくものを書いてみたいということもある。あまり筋道の立ったことを書かない随筆という形式もあるにはあるが、だからといって、まったく腹案なしに、原稿用紙に向かうというのは乱暴である。

いかにも自由そうで、何を書いてもよさそうに見える随筆が、実は、たいへん入念な計画を事前に必要とする。

文章を書くのが面倒に思われる理由のひとつは、何を書くかを決めるまでの重苦しい気持にあるのかもしれない。いっそのこと、これこれを書けという課題を与えられている方が気が楽である（もっとも、それはそれで、その中へ何を盛り込むかで頭をなやましはするが）。

大体の方向だけは示されていても、あとをどのようにまとめていくかは大問題で、好きなように書いてよいとなると、よけい堅くなってしまう。

どうしてもこれは書いておきたい、ということが思い浮んでくればしめたものだ。それを中心にテーマを固める。こういうとき、これこれしかじかのことを書きたい。これはおもしろい問題だ、などと、事前にほかの人に話したりしてはいけない。

おもしろい考えが浮んできたら、忘れないように、手帳かノートに書き留めておくことである。いったん消えると、二度と姿をあらわしてくれないことも少なくない。日ごろから、書き込む手帳なら手帳、ノートならノートを準備しておく。持ちはこびには、ノートより手帳の方が便利だろう。思いついたらすぐ記入する。

くりかえすが、他人には言わないこと。自分ではいい考えだと思うことであっても、他人から、なんだ、そんなつまらぬことをなどと言われたり、言われなくても、そういう顔をされるだけで、出鼻をくじかれる。書く張り合いをなくしてしまう。

ひそかにあたためて、書きたいことが心の中でだんだんふくらみ、内圧の高まるのをじっと待つ。

あるイギリスの学者のことばに、文章の主題《テーマ》は「ひとつのセンテンス（文）で表現できるものでなくてはならない」と言っている。この主題、テーマが書きたいことである。

学生が論文を書くとき相談にくる。テーマは何だ、ときくと、五分も十分もしゃべる学生がすくなくない。そういうとき、このことばを引いて、ひと口で言えないようではまだ考えが熟していないと忠告することにしていた。

長々と主題を説明しなくてはならないのは、あれもこれもと欲ばるからである。あまりさっぱりしていてはさみしい。たくさん書くことがあった方が心強いと思うのかもしれないが、これでは、他人が読んだら何を言いたいのかわからないものになるにきまっている。

書きたいことが十もあったとする。これをひとつのセンテンスにまとめることはできるはずがない。説明しようとすればえんえんと話さなくてはならなくなる。このうち、すてるとすれば、どれかを考える。ひとつずつ切りすてていって、二つか三つを残す。

これを組み合わせて、一口で言えてはじめて、テーマができたとなる。

テーマを絞るとき、考えつくことを全部紙に書き出してみるといいようだ。削りうるものを消していく。どうしても残したいものだけが生きる。三項目が残ったとしても、互いに関係のないバラバラなものではテーマに絞れない。ひとつのセンテンスで言えるテーマを、というのはうまい方法だと思う。

ここでひとつ大切なことを書き添えておく。

それは時間を味方につけよ、ということである。思い立って、その場でテーマをこしらえて、すぐ執筆にとりかかるというのは、入学試験の〝小論文〟は別として、よろしくない。

主題をきめるのにも、ちょっと考えて、すぐきめてしまうのではいい考えが出にくい。一応、これはという案があったらそれを、やはりどこかに書きつけておく。そして、時間をかける。二日や三日では足りない。風を入れる。すると、ひょいと、そのことが頭によみがえって、新しい考えが加わったりするようになる。頭の中でテーマの核がだんだん成長し、ふくらむ。

よく主題をあたためていると言う。これは時間をかけて育てることである。実際問題としてはなかなか、心ゆくまで時間をかけていられないことが多い。また、あまり時間をかけすぎると、かえって書きたい気持が弱まってしまうこともないとは言えない。

しかし、本当に書きたいことがはっきりしてくるのには、時間がかかるということだけは忘れないようにしたい。テーマが熟してくると、放っておいてもテーマが書いてほしいと呼びかけるようになる。

フランスの文豪バルザックがこう言っている。

「熟したテーマは向こうからやってくる」

そういう主題があれば、書くのはむしろ楽しみとなる。

初めが勝負

A　どうも日本人は、猿まねのうまい人種のようだ。他人のまねばかりしたがるような気がしてならない。

B　ほんの数年前のこと。私は人間関係に失望し、人生までいやになって、子供を連れて家を後にしました。気がついたとき、立っていたのが、夜の高山駅――。

C　十月十六日が〝世界食糧デー〟だということを知っていた人は少なかったと思います。当日の本紙をもう一度開いてみませんか。〝この地球で四億以上の人が飢えている〟と題した、政府広報が載っています。説明文とともに、栄養失調のケニアの子供の写真が、何かを強く訴えかけています。

Ｄ　先日の本欄に〝公園の静けさ取り戻して　野球や暴走自転車にヒヤヒヤ〟との意見が載っていました。私の住んでいるところの小公園でも同じです。しかし、子供たちに注意するには心が痛みます。なぜなら、子供たちの遊び場所がないからです。

Ｅ　首相就任後の鈴木総理が、アセアン、ヨーロッパ各国を歴訪し、オタワ・サミットに続き今回メキシコでの南北サミットに出席して各国首脳と会談する機会を持ったことは、全方位外交の一端として評価してよいと思う。先日の訪日予定のサダト前大統領の不慮の死は残念であったが、エジプトと相反する立場のＰＬＯのアラファト代表の訪日は実現した。

Ｆ　グリーンカード制は、架空名義や家族名義を使った脱税行為を一掃するために、考えられたものであるが、金融界の意向を受けて、この制度運用を大幅に弾力化するようだ。

Ｇ　国鉄の赤字ローカル線の廃止が発表されるや、沿線住民や県市町村議会等が、一斉に反対、存続の運動を起こしている。

これは一九八一年十月某日の某新聞と某新聞の〝読者の声〟の欄から任意に冒頭書き出しの部分を引用したものである。

新聞だから、読者の書いた通りが活字になっているとは思えない。多少は記者の手が加わっていると見るべきだろうが、それでもまずまず一般の人の書く文章の実際を反映してはいると考えられる。

これらを読んで、あとが読みたくなるのはどれだろうか。

Aは、なにを言おうとしているのか、これだけではっきりしない。この手が効果をあげることもあるが、ここではきいていない。筆者は五十八歳の主婦。収入に応じた生活をしようという趣旨の投書である。

Bは、ちょっと小説風で、ひまな人でなくとも先を読みたくなる。異色の投書だが、うまい。三十一歳の主婦で、家出が思いがけぬ観光旅行になったという。

Cは、硬派の投書だが、何日も前の新聞を〝もう一度開いてみませんか〟などという、およそ無理なことを書くようではしかたがない。先を読もうという気持を失わせる。

Dは、小学校のグラウンドを開放できないのかと言いたい投書である。どうして単刀直入、そう切り出さないのか。「しかし、子供たちに注意するには心が痛みます」はいただけない。「に」が重なっているのもまずい。

Eは何を言おうとしているのか、ここだけでは見当がつきかねる。見出しに〝日本の役割は南北の潤滑油〟とあり、たいして珍しくもないことを言おうとしているのだから、せめて出だしぐらい、魅力的にしないとだれも読んでくれない。長すぎる。七十四歳の会社員。

Fはグリーンカードの運用を甘くしてはいけないという発言だが、こんなところでくだくだグリーンカードの説明をする必要はない。言いたいことをさっさと言う。あるいは、何かおもしろそうだなと思わせる書き方をしてほしい。二十三歳の学生の投書に、それを望むのは無理か。

Gは要領よく書き始めている。投書のはじめはこれくらいの長さが適当だろう。五十八歳無職の男性とある。よほど書きなれた人だと思われる。利用もしないでおいて廃止はこまるとは勝手ではないかという後の方の論旨も読ませる。

第1章で、短文が難しいものだということを書いた。新聞の投書欄は短い文章でないと載らない。いかに書いたら没にならないか。記者のおめがねにかなうのが第一の関門である。投書する人はそれを考えるべきだし、実際、苦心している。

晴れて採用され、天下の読者の目にふれるようになったものですら、こうして並べてみると、いかに味気ない書き出しが多いかがわかる。

文章の練習として、新聞や雑誌へ投書してみるのもおもしろい。ある程度の文章が書けなくては話にならないが、それだけでは不充分である。どこか〝おもしろい〟ところがほしい。五回投書して二回掲載されるようになったら、まず、一応の文章が書けると思っても、うぬぼれにはならない。

おもしろい書き出しの例を内田百閒の随筆から紹介する。

「私共は兵学校の衛門から這入つて行きまして、門衛所に二人の名刺を出してお辞儀をしました」

「そりやいけない」と私が云つた。「さう云ふ所で無闇にお辞儀をすると、ひどい目に会ひますよ」

「馴れないものですから、全くさうでして……」（「門衛」）

この書き出しだと、そのあとを読まずにはいられない。ここで勝負がつく。短文は、ことに、冒頭できまる。書き出しができれば、半分はできたようなものだ。

終りよければ

〝初めが勝負〟だと書いた。

へたな書き出しで始めれば、読まずに放り出される。一か八かの賭のようなものだ。小説家が書き出しに苦労して、書きくずしが山をなすということを聞くが、冒頭はすこしくるっていても、全体がこわれてしまいかねない。

文章は全体がまとまって、ある訴えをする。どこが大切で、どこが大切でない、といったことはないはずだが、初めはとくに重要である。その次に大事なのは、終りの部分。せっかく読者を引っぱってきて、いよいよお別れというところで味気ないあいさつをしたのでは、締めくくりがつかなくなる。

終りは余韻を決定する。記憶の中の文章の印象を大きく色づけるのだから、文章を書く人はたいてい終りをいかに結ぶかに心をつかう。

書き出しの一文と、末尾がきまれば、それでもう半分はできたようなものだという人さえある。

たとえてみると、毛筆で楷書の「一」の字を書くのに似ている。まず、着筆のところで力を入れる。そのあとはすこし筆を浮かせながら勢よく右へ引いていく。いよいよここが終りというところへきたら、また、ぐっと力を入れてゆっくり筆を離す。これで「一」の字にまとまった形がそなわる。

初めと終りに力を入れない行書や、草書ののっぺら棒の「一」を書くような文章もないわけではないが、基本はやはり楷書であろう。終りにはとくに心を配って書きたい。

ここで具体的にどういう締めくくり方をしているかを考えてみることにする。例として、随筆欄で有名な『文藝春秋』（一九八一年十一月号）のエッセイの終りの部分だけを引用した。りっぱな方々の文章に対してこういう引用は失礼だが、研究のため、あえて結語のところだけを引かせていただく。こうした文章の性質上、はじめのところがわからないとさっぱりおもしろくないが、それは我慢していただくほかはない。

Ａ　東北の某市では、歌舞伎十八番の「助六」を上演した際に、揚幕から花道へ出ていこうとした助六の前へ、ホールの職員が血相を変えて飛んで来て立ちふさがり、

「下駄、脱いでください！」

と叫んだ。

「規則で、舞台へ下駄を履いていかれては困るのです」

呆ッ気にとられてその職員の顔をみつめる助六の足もとへ、かれは一足のスリッパを揃えて出して、

「舞台へいくなら、これ、履いてってください。規則ですからね」

と言ったそうな、ああ……。（大西信行「スリッパの助六」）

これはいま方々にあるりっぱな文化会館や公会堂が、見かけほどりっぱではないことを書いた随筆のしめくくりの部分で、いかにホールの管理がこっけいかを鮮かに示している。読んだ人はこのおもしろいエピソードを忘れない。実によくきいている。

B　それではと包みをあけてみると、中から出てきたのはゲタとカサ。一瞬、ハテ、という感じがしたが、「宮崎さん、御苦労様でしたね」という声がかかった。私には、その声を聞くのと全く同時に、この賜り物の意味がわかった。

私は記者諸君の暖かい気持ちと友情に、思わず胸がつまった。目頭が熱くなるのを感じながら、これでいよいよエコノミスト失格かというおそれが頭を去来した。（宮崎勇「カサとゲタ」）

これは少々註釈がいる。ゲタというのは、「新年度に入ってから経済が前年度末の水準で横ばいに推移しても、年度比で何%かの増になる分を指す俗語」。カサは筆者が記者会見で「雨を降らせよう、カサは心配するな」と言ったことがあると前に出ているのをふまえたもの。

筆者が経済企画庁を退官した直後開かれた経企庁詰めの記者の開いた送別会のことを書いた文章だが、この末尾で全体の印象をひきしめている。これが書きたくてこのエッセイが生れたのではないかと想像されるほどである。

「初めが勝負」のところで紹介した内田百閒「門衛」の終り方はこういうようになっている。

はじめて士官学校へ行ったときのこと、

「……門を這入つて門衛所の様な物はありましたけれども、そんな物は眼中にないから横目で見ながら、その前を通つて、どんどん行きかけると、うしろで門衛所の床板を踏む荒荒しい足音がして、それから私を追つ掛けて来ました。おいと云つたか、こらつと云つたか、覚えてゐませんが、何しろぞんざいな口の利き方で、どこへ行くかと聞くから、士官学校へ行くと云つたら、士官学校はわかつとるが、勝手に通る事はならん、こつちへ来いと云つて門衛所へ引き返しました。そこで何用があつて来たかと云ふから、学校から来た呼び出しの葉書を見せると、それを片手に持つて、本部へ電話をかけるのです。私の名前を呼び捨てにして、通してやつてもよくありますかと云つてゐるのを聞いたら、大いに癪に触はりました。電話をかけるのを待つてゐる間、私がいつの間にか踏石に足を上げて門衛所の床の端に起つてゐたところが、電話をかけてゐる門衛のおやじさんは、話し中にわざわざ後を振り向いて、そこへ上がつてはいかん、下に降りとる、と命令しました」

「それであなたはどうしました」

「それで私は下に降りました」

この結びの味わいは何とも言えない。

話は中途から

「ひどいめにあったよ」

顔を合わせるなり、友人がそんなことを言えば、

「どうしたんだ」

ときかないではいられないだろう。

「カバンをとられてね」

「いつのこと」

「三日前」

「どこで」

「ホテルのロビー」

こういう話し方だと、きいている人間はいやおうなしに、巻き込まれる。つい、先をききたくなる。興味をそそられる。

これを、

「三日前にね、ホテルのロビーでぼんやりしていてね、カバンをとられてしまった。まったく、ひどいめにあったよ」

と順を逆にすると、さっぱり迫力がない。きいている側では、口をはさむこともできないし、また、はさもうとも思わないだろう。受身になる。

年配になると、こういう話し方が多くなる。

「きのうね、天気がよかったものだから、庭へ出て花の手入れしていたら、○○さんが道から声をかけて、みごとな菊ですね、ってほめてくれてね、それじゃ、すこし切って差し上げましょうか、と言ったんだけど、○○さんは、ちょっとお話ししたいことがあるから、近いうちに若主人のいらっしゃるときに伺いたいっていうんですよ……」

こんな調子だから、いつ何が出てくるのか、じれったいことおびただしい。若い人がしびれを切らして、

「要するに、どうしたんですか」とやるが、

「そんなにせっかちに言うもんじゃないよ」などと要領を得ない。時間を気にしない人は、話をするときも、文章を書くときも、なかなか本題に入らない。

まくらの部分が長い。そのうちに、本当は何を言いたいのか、本人すらわからなくなってしまうことだってないとは言えない。話も文章も長くなる。

いまの人は多忙である。まどろっこしい前置きを、ぐだぐだのべていれば、かんしゃくをおこして、さきの話など聞いてくれない。文章なら投げ出してしまう。単刀直入に行くべきである。

順序から言うと、Ａ、Ｂ、Ｃ、Ｄ、Ｅということを書こうとする。これを、Ａがあって、Ｂになり、そしてＣと続いて、などと因果関係を追ってのべるのは、さきのお年寄りの語り口になる。

いちばん言いたいのが、Ｃなら、思い切って、これを冒頭にもって来る。多少、

勇気がいる。しかし、相手につよい刺激を与えることはうけ合いである。

　このごろ、よく、議論のときに

「結論的に言いますと……」

という言い方をする。これは、ＡＢＣＤＥのＥから話していこうというのである。Ｅだけで終るのではない。ＡからＤも触れるのだが、順が逆になるだけのこと。

「結論的に言いますと……」

という論法は映画で早くから開発された。Ｅの部分をまず最初に見せる。観客は、息をのむ。どうして、そんなことになったのか、に興味をもつ。そこで、こんどは時間の流れに逆行して、Ｄ、Ｃ、Ｂ、Ａとさかのぼり、またＥへもどってくる。

　映画ではこれを〝フラッシュ・バック〟と言っていたようである。自然の時間とは反対にまず、結果を示し、それからもとを明らかにする手法だ。

　推理小説もやはり、〝フラッシュ・バック〟の方法によっている。犯行が発見され、人が殺されているところから話ははじまる。だれがやったのかがはじめからわかっていたのでは推理小説は成立しない。

これに対して、ＡＢＣＤＥのＣから始めるのは、はじめ、中、おわりの中途から始める方法である。これが説明の方法、叙述の方法として、たいへんすぐれていることは、すでに、ローマ人も心得ていた。

ローマの文人ホラティウスは『詩学』の中で、「話はまん中から始めよ」（in medias res）という有名なことばを残している。物語の叙述の方法として教えたものであろう。が、一般の文章を書くときにも参考になる。

研究者が論文を書くとき、本論に入る前にまず、独立した序論を書く。つぎにまた論文を発表する。こんどは本論かと思うと、序説だとある。こうして、とうとう本論に至らないで終ってしまったために、序論学者という異名をもらった人もある。「芸術は長く人生は短し」。あまり序論に手間どっていれば、本論に入る前に、時間切れになる。

時間があり、スペースがいくらでも許されるところなら、序論、本論、結論の順序でもよろしい。

もし、ごく短い文章で表現しなくてはならないような場合には、結論から入るか、話の途中から始める。結論をはじめに出すのは、推理小説のような場合はともかく、一般の文章では、殺風景になりがちである。しばらく伏せておきたい。まん中から始めた方がふくらみがある。

どこから始めるにしても、文章は円を描くようなものである。まとまりが必要である。書き始めのところへもどってきて終ると、読むものも落着きを感じる。「話は中途から」というのも、その円をどこから描き始めるかということでしかない。ただ、これが思いのほか大きく効果に影響するからバカにならない。

テーマと展開

「話は中途から」と言ったが、東洋には文章の構造について、古くから、一定のルールができている。

漢詩の五言絶句、七言絶句の作法にいう起承転結である。絶句とは四行詩のこと。各行にそれぞれ、起承転結をあてる。

第一句はイントロダクション（導入）、第二句で、その内容をうけて広げ、第三句は、すこし趣きを変えて、表現にふくらみをもたせ、第四句で結びとする——これが起承転結である。ただ、詩や文章の構成にとどまらず、広く、ものごとの順序、作法にも応用された。

起承結の三つは、いわば一線上に並んでいると考えられる。転だけが、この線上から外れたところに置かれる。いかにも、脱線のように見えるかもしれないが、これがないと表現が浅くなってしまう。

もともと東洋の表現は短いものが主体である。短い詩文がまとまったことだけを言っていると、全体が小さくなってしまう。それでわざと、すこし外れたことを添えて、にぎやかにする。

はがきの文章でもそうである。

> ごぶさたしていますが、お元気でいらっしゃいますか。こちらも何とか無事にやっています。
>
> さっそくですが、友人の○○君があなたに紹介してほしいと言いますので、名刺を渡しました。お忙しいところ、恐縮ですが、一度、お会いくださいませんでしょうか。
>
> お宅からいただいたボタン、ことしはことに見事な花をつけました。

右お願いのみで失礼の段お許しくださいますよう。

草々

このはじめの「ごぶさた……やっています」が〝起〟に当たる。次の用件、これが承。そのあとのボタンの話は、転である。殺風景になりそうなはがきに、ちょっとビューティ・スポットをつけるような効果がある。受け取った方も、ここに来て、何かホッとしたような気がするだろう。

短い文章を書くときには、とくに、この転を添えることを忘れないようにしたい。俳句はもっとも短い独立した詩だが、起は省いて、承、転、結でできているようなものである。転があるために、短いなりにまとまった、それでいて、ふくらみのある感じを出すことができる。

さきの「話は中途から」も、起をあとまわしにして、転の部分から始める方法である。これがローマの昔から確立した技法になっていたのは、東洋に古くから起承転結の作法があったのと思い合わせてみるとおもしろい。

ところで、ものを書くには、書きたいこと、テーマがはっきりしている必要がある。

論文を書く学生が、よく相談にくる。まず「テーマは何ですか」ときいてみる。すると、とうとうとまくし立てる学生もいる。三分たっても五分たってもまだしゃべりつづける。それをさえぎり、

「ちょっと待ってください。本当にこれだというところだけを言ってくれませんか」

と言う。学生は途方にくれるらしい。急に、ことばすくなになってしまう。ものを書こうとするときに、書きたいことがいっぱいあるのは心強いものである。しかし、それでは、何が中心かわからなくなってしまう。一本筋が通っていなくてはいけない。

ネギもとり肉もあっていいが、竹串にさしていないと、焼きトリにはならない。テーマはその竹串のようなものだ。「テーマは何か」ときかれたら、「こう」とひと口に言えるようでないといけない。

さきにも触れたが、

「テーマはひとつのセンテンスで表現できるものでなくてはならない」

というのは、まことに至言だと思う。

口で言うときには、ひと口で言えるのが、本当のテーマである。えんえん話さなくてはいけないようでは、まだテーマまで固まっていない。

頭の中でよく考えて、何を中心にするかを絞っていき、これだけは是が非でもというのを凝集させる。そういうテーマの動詞の部分をとりのぞくと、そのままで論文の題目になる。

文章を書くときに、あまりこみ入ったことを書くのは賢明でない。読む人の頭が混乱して、わからなくなってしまう。よく整理した内容なら、かなり複雑なことであっても、すらすら頭に入る。

突飛だが、「平家物語」はよく練られた表現である。昔から多くの人が何度となく語ったものである。不要の部分が切りすてられているから、こみ入った筋なのに整然とわかりやすい。

テーマをしぼるには、文章を書いたあとで表題をつけるようにするのがいい。手紙を書いたら、あとで、頭の中で題をつけてみる。もちろん手紙そのものに題をつけてはおかしいが……。文章を書くときも、はじめに題をつけないで、あとからつける。うまい題のつかないような文章はテーマがしっかりしていないのである。

題をつける練習をしていると、言いたいことを筋をつけながら書くことができるようになる。題だけでなく、パラグラフ（段落）ごとに、小見出しをつけるつもりになると、筋道のはっきりした文章が書けるようになる。

推敲

文章を書き上げたら、もう見る気もしない。そのままで人に読ませる。原稿なら依頼した人に渡してしまう。そういう人がすくなくない。

よほど注意して書いたつもりでも、どこか不注意で間違えていたり、字が抜けていたりするものである。かならず読み返しをする。ただ、ざっと目を通すだけでなく、言いまわしのまずい箇所などを改める。これを普通、推敲《すいこう》という。文章をよくしようとして字句を考えるという意味だが、故事にもとづく。

唐の時代、賈島《かとう》という人が自作の詩の「僧推月下門」（僧は推す月下の門）で、「推（おす）」がいいか「敲（たたく）」がいいか、考えて迷っていて、乗っていた馬をほかの人の行列の中へ突っ込ませてしまった。そこから、文章に苦心するのを推敲と言うようになった。

詩ならば、一字一句がおろそかにできないが、散文、日常当用の文章では、一字をどうするかで、赤信号の道路を横断するようなことはしなくてよい。ただ、かならず、ていねいに読み返しはする。読み返しをしないで、文章がうまくなろうとするのは虫がよすぎる。

読んでみて、あまりに不満足なら、せっかく書いたものでも、はじめからもう一度書き直さなくてはならない。

書いているときは、半ば夢中。とにかく書くことで頭がいっぱいである。読む人がどう思うだろうか、などということまでは神経を使ってはいられない。書くときは、ひたすら書く。あまりよけいなことに気をとられていると、ことばの流れが悪くなる。

書いているときには、頭の中に、書きたいことがある。もちろん、本人だから、それはわかっている。書いた文章はそれをよくあらわしているような気になっているが、本当に、それが第三者にわかるかどうかは、書いているときははっきりしない。

書き上げたら、こんどは意地悪な読み手になったつもりで、読み返す。わかりのいい友人のような読み方をしては、いい推敲にならない。

純粋な〝読者〟になるためには、書いてからしばらく風を入れた方がよい。直後だと、まだ、書きたいと思ったことが頭に残っている。それで、書いてもないことを書いてあるように錯覚することがないとは言えない。時間がたつとそういう思い込みも消えて、書いてあることが、ありのまま目に入るようになる。

しかし、実際には、締切りや期日ぎりぎりにやっと間に合わせられるということが多い。とても、しばらく風を入れる、などというしゃれたことはしていられない。だから、推敲のための時間をとって早目に書き上げるように心がけるのも大切である。

横光利一という小説家は風を入れることを実行していた。編集者が原稿をとりに行くと、横光は机の引き出しから原稿をとり出し、読み出し、直す。短篇とは言え小説だから、かなりの長さであるが、編集者を待たせておいて、推敲した。なぜ、書き上げてすぐ読み返さないかについて、直後では、まだ頭が興奮していて冷静に読めないから、わざとそのままにして、なるべく長く置いておくのだ、と説明したという。

アメリカのヘミングウェイはもっと徹底した方法をとった。作品を書き上げると、ろくに読み返しもしないで、銀行の貸金庫の中に入れてしまった。大分たってから、それをとり出してきて、手を入れる。それでもまだ気に入らないと、また、貸金庫へ戻す。こういうことを繰り返して、いよいよこれでよし、となると、出版社に渡した。ヘミングウェイが亡くなったあと、貸金庫から、そういう未定稿がトランクいっぱい出てきて世間をびっくりさせた。

石川欣一という人はすぐれた翻訳者として知られた人であった。翻訳にはどうしても日本語としてこなれない表現が入りやすい。訳者は原文が頭に残っているから、それに引かれて、そういう日本語をつい見すごしてしまう。それでは読者には不親切である。そこで石川さんは考えた。

おとなりに、大学の国文科へ通っている女子学生がいた。石川さんは訳稿ができると、そのお嬢さんに読んでもらった。ざっと読んで、ひっかかることばにしるしをつけてもらう。

それをもとに推敲した。だからこそ、石川欣一訳はなだらかな文章だと言われたのであろう。こういう第三者はなかなか得にくいが、友人などで好意ある〝最初の読者〟を買って出てくれる人がいれば大いに喜ぶべきである。

前のところでも書いたが、推敲するときは、黙って読むのではなく、声を出すようにすると効果的である。もちろん大きな声をあげる必要はなく、つぶやき程度でもよい。すらすら読めないようなら、文章もごつごつしている証拠である。読み違いをするようだったら、文脈にねじれがあるかもしれないから、よく点検してみる必要がある。

読み返しのときに声を出すという人はすくなくない。多くの人がいいということはとにかくやってみる。

第4章

今こそ手紙の力を

手紙の心

親しい友人がこっそり教えてくれた話で、こういうところで披露してよいかどうか、わからないが、書いてみる。

彼が中学校の同窓会の幹事になって東京支部大会の案内状を送った。いついつまでに、出欠を知らせてほしい、と型のごとく返事を求めた。

ところが、何とも言ってこない。人数のことで会場と相談することになっていたので幹事は気が気でなかった。返事の締切りを数日のばして、しめてみたら、返事の来ているのが二十パーセントしかなかった。実に八割がなしのつぶて。

こういう連中はもちろん、欠席だろう。この友人はそう思った。ところがおどろいたことに、当日になったら、なしのつぶてだったのが、かなりやってきた。

「やあ、返事をついなまけてしまって、いいんでしょ。すこしくらい人数、ふえたって？」

幹事としては苦笑するよりほかなかったという。なぜ、はがき一本書けないのか、となれない幹事をした彼はなげいた。

それとは逆に、出席と返事したのに、来ないのもいたそうで、これは、飛び入りがあったからいいようなものの、もしなければ、会費が不足して、会計が足を出すところだった、という。突然の欠席について、連絡して来たのが半分。あとは、スッポカシ。連絡して来たもののまた半分が、あとで会費を送ってよこしたそうだ。

若い人のことではない。そろそろ定年という人たちがこのありさまである。出られなくなる心配のあるときは欠席と返事するのが常識だが、そんなことも知らずに年をとるとは、かなしい人生と言うべきである。

電話がかかって来る。手放せない仕事をしていても、ベルがなると、反射的に立ち上がる。出てみると、知り合いの奥さん。

「みなさんお変わりございませんか……」

で型のごときあいさつが始まる。なにごとならんか、と思っていると、

「このたびはたいへん結構な品を頂戴いたしまして」

である。何だ、そんなことなら、はがき一本書いてくれればいいのに、とうらめしい。

電話のお礼など、お礼と認めない、という人もいるくらい。郵便にするにしても、ごく親しい間なら、はがきでもいいが、本来は封書にすべきもの。いくら感謝の気持がこめられていても、電話では伝わりにくい。封書なら、相手はよくも面倒な手紙を書いてくれて、と思うだろう。

私はかつて、巻紙に毛筆で礼状をしたためていたことがある。後日、先方に会ったときに、珍しい礼状だから、保存しておきましょうと家内が言っている、と言われたこともある。

これはある旅行会社の話。ときどき、海外旅行を勧誘するダイレクトメールが来るが、いつも封筒に美しい記念切手が貼ってある。それもかなり前に発行されて見

なれないもの。もらった方では、つい目をとめる。殺風景な〝料金別納〟のスタンプのおされているのが多い中で異色を放つ。

サービスの心をこめるというのは、こういう小さなところにあらわれ、それが人の気持をとらえる。

高名な国文学者の息子さんが、りっぱな文章を書く。お父さんから何か特別の教育を受けたことはないか、ときいてみたことがある。彼はこういうことを話した。

この人がまだ小学二、三年生のころ、正月に、おじさんにはがきを書くようにお父さんから命じられた。少年は、

「はらっぱへいってタコあげをしましたが、ほかにはだれもタコをあげている子はいませんでした」

と書いた。するとお父さんから

「ほかにも二、三人タコをあげている子がいました」

と書き改めるように言われた。少年は

「ウソを書くんですか」
ときくと、お父さんは
「そうではない。手紙はそういう風に書くものだ」
とだけ言ったそうである。少年にはどうしてなのか、わからなかったが、後年、想像したのは、正月早々、人っ子ひとりいないところでタコあげをするのは、いかにも寒々しい。はがきをもらった方も淋しい気持がする。それではいけない、というので正月らしいはがきに改めさせたのだろう、ということであった。

手紙を書くには、相手を思いやる心がないといけない。いまはその心の失われた通信があまりにも多く、世の中をささくれ立ったものに感じさせている。

これは最近のことだが、親しい人のお嬢さんが結婚することになった。披露への招待状が来た。これはめでたい。さっそく喜んで出席の返事を出した。

しばらくして、その人に会うと、あなたの出席のはがきが最初に着いた。どうもありがとう、と感謝された。親心としては娘の結婚を祝って披露に出ようという返事が早く着くというのは、うれしいことなのであろう。ぐずぐずしていては、いかにも出渋っているような感じになる。すこしでも早く返事をする。いつまでに、とあっても、それまでほったらかしにしては、手紙の心を解しないと思われる。

手紙を書くには、手紙の心が必要である。

手紙のかたち

手紙はよその家を訪問するのに似ている。普段着では失礼に当たる。改まった服装の型ができているから、それを無視すると、ものを知らない、無礼だ、という批判を受けなければならない。

服装もそうだが、手紙はこのごろずいぶん略式になってきた。それでも、最小限これだけは知っていなくてはいけないない形式というものはある。

手紙は、三つの部分に分かれる。

前文

主文（本文）
結文
前文は、さらに
書き出しのことば、頭語（A）
時候のあいさつ（B）
安否のあいさつ（C）

に分かれる。書き出しのことばは、拝啓、謹啓といったのが多く使われる。たとえば、

「謹啓Ⓐ　陽春の候Ⓑとなりました。ごぶさたいⒸたしておりますが、ご健勝のことと存じます」

一般に、このごろは、この前文を簡単にする傾向が目立つ。Bの時候のあいさつを省いて、

「前略、ごぶさたしていますが、お元気ですか」

といった書き出しをすることが多い。

前文が終ったら、行をかえて、用件をのべる。その頭へ「さて」とか「さっそくですが」といったことばがよく用いられる。用件はなるべく手短に、要領よく書く。便箋に何枚も、えんえんとのべるようでは、読む人はうんざりしてしまう。すこしこみ入った用件の場合には、あらかじめ下書きをしてから書くようにした方がよい。

そして、用件が終ったら、結文に移る。これは、

終わりのあいさつ（V）

結びのことば（W）

日付（X）

署名（Y）

宛名（Z）

に分かれ、この順に書く。たとえば

「右お願いのみ申し上げました。天気の変わりやすい季節ですから、くれぐれもご

自愛のほど祈り上げます。（V）

敬具（W）

四月十日（X）

大山一郎（Y）

山本秀雄様（Z）

」

結びのことばには、敬具が代表的だが、ほかに、草々がよく用いられる。草々はもと、前略という書き出しのことばに対応する結びであったが、このごろは、拝啓で始まった手紙が草々で結ばれていても、それほど失礼だとは思われなくなった。女性は、敬具ではなく「かしこ」を使う。

若い人の書く手紙に署名のないのがあるが、署名がないのは、手紙として有効ではない。封筒に書いてあるから、わかるだろう、とはならない。前文、主文をタイプで打った手紙でも、署名はかならず、肉筆でなくてはいけない。名前をタイプで打ってある手紙も無効である。ことに外国人にあてる手紙で差出人の名をタイプしただけにしておくことがないよう注意する必要がある。サインをして、タイプした名を添えるのが普通である。日本国内でのタイプあるいは印刷された手紙では肉筆署名の代りに、印をおしてあるのをよく見かけるが、こういう場合でも、とにかく署名は肉筆が建前だということは心得ておきたい。

ついでに、年賀状は印刷が多いが、差出人の名前を印刷してそのまま出すのが普通になった。署名肉筆の原則からするとおもしろくない。これを避けるには、氏名のところだけあけて、そこへ自署するようにすればよい。

左下のあいたところへサインする。なお、日付の左へ、何かひとこと、肉筆で書き添えると、印刷の冷たい文面がぐっとやわらぐ。

ところで、さきの結文のＶＷＸＹＺのうち、ＷＸＹＺの順序を正しく知っている人がたいへんすくなくなってきた。結びのことば、日付、署名、宛名。これをきちんとこの順序に書ければ、その人の手紙の形式についての常識は合格と言ってもよいほどである。

宛名は、フルネーム（姓も名も全部書く）にする。「山本様」はごく親しい間ででもないといけない。「秀雄様」というのは肉親の間ぐらいでないと失礼。一般にはフルネームにしておけば無難である。署名も昔はいろいろやかましく言ったが、

> **謹賀新年**
>
> 平成二十九年　元旦
>
> 112-0002　東京都文京区小石川●─●─●

いまはやはりフルネームが一般的である。

結文まで書いてしまって、新しい用件などを思いついたときには、「追伸」あるいは「二伸」と書いて、追加の文章を添えることができる。

ただ、こういう添え書きをしたら、そのあとに、もう一度署名、あるいは姓や名のみ署名をして、これが他人の加筆ではなく、本人の書いたものであることをはっきりさせるのが礼とされている。

また、便箋一枚だけの手紙は不吉として嫌う人がいるため、一枚だけで文面が終ってしまった手紙に白の便箋をもう一枚添える習慣は、若い女性などの間では、いまなおすたれないで続いているようである。

はがき

「はがき一本書けない」

とか

「はがき一本よこさない」

と言う。いかに簡単なことのように考えられているかが、こういうことばでもわかるが、はがきは決してバカにはできない。もらった人が納得するようなはがきが書けたら、たいしたものである。場合によっては、封書の手紙を書くよりも難しい。

よく、文章に上達したいのだが、機会がない、と言う人があるが、機会のないことはない。作らないだけである。はがきをせっせと書けば、いつとはなしに筆不精でなくなる。

はがきは思いついたら、その場で書く。そのためにはいつもはがきの準備がないといけない。筆まめな友人がいる。財布の中にいつも切手が入っていて、旅行してホテルではがきを書く。ホテルならたいていい絵はがきが備え付けてある。それに書いて切手をはって出すというわけである。

先日もこの友人、ホテルで土地の新聞を見ていたら、知人が表彰された記事が出ている。すぐホテルのはがきでおめでとう、と書き送った。相手が感激して、山の中に住んでいるとかで、山いもを送ってきた、という。こういうことで旧交をあたため、世の中を広く、心豊かに生きることができるようになる。

ところで、はがきはあまりこみ入った用件は書かないのが常識である。封書と違って、前文、結文もごく簡単でよい。

前略失礼します。お作りの拙著作目録を見せていただきました。よくお調べくださり恐縮しています。聞けば現物もおもちとかで、ますます恐縮に存じます。ご好意あつく御礼申し上げます。
お礼のしるしと申しては何ですが、近く出版いたします『○○○』を謹呈いたしたく、ご笑納くだされば、幸いです。
右、一筆御礼まで　　　　　　　　　　　草々
十一月二十一日

これは、最近、実際に書いたはがきである。未知の人だが、わたくしの著作目録を作りプリントにし、ある会合の出席者に配った。ご本人には会うことができなかったが、勤め先がわかったので、はがきを書いた。

はがきの文面は、これくらいの長さが適当であろう。虫メガネで見ないとわからないような細字は論外。ゆったり書いて、五行から七行が落着く。

はがき文の達人は、色紙の散らし書きの趣きを出すことができるが、普通はそんなしゃれっ気をおこさず、わかりやすくきれいに仕上げることだ。

はがきを書いて一枚では終らず、「つづく」として、二枚めへ行き、それでも完

結しないで三枚めに及び、A、B、Cとして出す、という人がいる。親しい友人あてなら愛嬌だが、そうでないと、人柄を疑われる。それくらいなら、封書にする。ただ、裏面だけで書き切れない文面は表へまわし、半分のところに線をして、その下へ書いても郵便としては違法にならない。絵はがきは宛名の下に通信文をしるすようになっている。

はがきの文章で、はじめ大きな字で書いていたのが、終りになるにつれて、だんだん字が小さくなって行く人がある。いかに計画性が乏しいか、行きあたりばったりに書き始めたか、を暴露しているようで見苦しい。同じ大きさの字を行間も同じにとってきれいに書けていると、見て気持のいいものである。

ただ、はがきは短いために、どうしても余情が乏しくなりがち。殺風景なのである。結文は簡単でよいと言ったが、終りのところに、ちょっぴり味つけをしたい。さきの例で、「お礼のしるしと申しては何ですが、近く出版いたします『○○○』を謹呈いたしたく、ご笑納くだされば、幸いです」が、それに当たる。

はがき一本、ただ、ありがとうございましたでは、そっ気ない。あとで本を送ります、とすれば、届くまで心にかかるはがきということになる。受け取った人もほのぼのとしたものを感じるのではないか。

もっとも、そうそういつもいつも、ものが送れるわけではない。そんなときにも、結びに、ちょっとひとこと、ほかのことを添えると、趣きが出る。

お元気ですか。
さっそくですが、いつかお貸ししました希英辞典、もしご用済みでしたら、お返しいただけませんでしょうか。いま四苦八苦している仕事に必要なものですから……。
青梅に川魚のうまい店があるという話をききました。いつか行ってみませんか。

貸した辞書を返してくれというだけで終ったのでは、受け取る側ではうれしくない。魚好きな相手の心を動かすようなことを添えると、全体の感じがまるで変わる。ただ形式通りに書くのではなく、相手の心に合わせて書く。これが、手紙、はがきに限らず、文章を書くときの心得である。

念のため申し添えると、はがきはプライバシーが保障されにくい。第三者の目に触れては受信人にも迷惑のかかりそうな用件は、たとえ短くても、封書にすべきである。

筆記具

何で書いても、書くことさえしっかりしていれば同じこと。印刷してしまえば、鉛筆で書いたか、万年筆で書いたか、わからないではないか。理屈はそうでも、実際はかならずしも、その通りにはいかない。

文章はなかなかうまく書けない。これはまあまあだ、などといい気になっていると、次の文章でひどくてこずる。四苦八苦して仕上げる。こういう出来、不出来が重なると、つまらぬことが気になり出す。

万年筆のカートリッジをとり替えた直後に書いたものはうまくいかない、そう思い込んでいる人がいる。この人は、インクのカートリッジを新しくしたら、しばらくほかのことに使ってから、はじめて目的の文章に取りかかる。すぐだと失敗するときめているから、書く前からダメだと考えてしまう。

スポーツの選手でも、縁起をかつぐ人が少なくない。不精ヒゲをのばしているから、風邪でもひいたのかと思うと、そうではない。ツキを落さないために、わざと剃らないのだという。赤いバットでないとヒットを打てないと信じている野球選手もある。

文章を書くのも、いくらか偶然に支配される。縁起をかつぎ、ジンクスを信ずる人がふえる。つい奇妙なことがしたくなる。

ここでは、人に見てもらう文章を書くときの常識を紹介する。

文章を業とする人の中には鉛筆派が意外にたくさんある。むしろプロは鉛筆で原稿を書くものと思っている人もあるくらい。かつて新聞記者が鉛筆で記事を書くのを見て、それにあこがれて始まったことかもしれない。

鉛筆派の人にきいてみると、消せるから便利だと言う。インクだと消したあとが残る。鉛筆だときれいに消えてしまうから、清書しなくてもいいそうである。

これにも一理あるが、欠点も考えなくてはならない。本人が消す分はかまわないが、ほかの人に消されたりする心配もある。そうでなくても、人手を渡っているうちに自然に消えて読めなくなることもないとは言えない。

印刷の原稿ならまだしも、そのまま他人、ことに目上の人に見せるものが鉛筆書きではまずい。そんなものを見せられたら、上役なら腹を立てるに違いない。下書きは鉛筆で結構だが、よそ行きの書類などは、いかに親しい間でも鉛筆は避ける。

となると、万年筆かボールペンかサインペンかになる。いちばん正統的なのは万年筆。これならどこへ出しても文句をつけられることはない。いまやボールペンも万年筆と同じくらいに見なされている。はじめのころのボールペンはインクの落ちがあったりして、ひどいものだった。銀行などではボールペンで記入した書類を認めなかった。いまはそんなことはないが、改まった手紙がボールペンで書かれていると、何となくそぐわない感じを受ける。

それにボールペンのよくないのは、下の紙に文字のあとがつくこと。うっかりすると人に見られてはこまるような文章の内容も残ってしまう。逆にいいところは、インクがどれくらいあるか、目でたしかめつつ書けることであろう。

近年は、手書きの文章は失礼、タイプ印書した方が正式で、丁寧だと考える、お役所や企業がほとんどである。最近はワープロの手紙が私信でも多くなってきているが、手書きの方が丁寧である。もっと改まれば毛筆で書く。

前にも書いたが、タイプの書類には署名を忘れないことである。それがないと無効であるが、手紙などによく見かける。

せっかく手書きをしたのに、わざわざコピーして、そのコピーの方を送る人がある。オリジナルの手書きを送らなくてはいけない。コピーは控えである。

タイプ印書でも、一番上のものがオリジナル。カーボンでとる二枚め以下のものはコピーだから、これは正式の場へ出せない。

お役所などから手書きの通信をもらったら、たいへん鄭重なあいさつを受けているのだと思うべきである。決して、タイプ印書の手を抜いたのではない。

次にインクの色。

ブルー・ブラック（濃い紺色）がもっとも一般的である。もうすこし明るいブルー（空色）やブラック（黒）もよく使われる。

それが、緑色とか紫色になると、相手をおどろかせる。まじめな文章にはグリーンのインクなどは使わない。

赤インクで書いた手紙は絶交状以外なし、とされている。文面の一部を強調したいと思って朱書したりすることも論外。とにかく、ほかの人に見せるもので赤インクを使ってよいのは校正のときと、速達郵便の表示くらいである。

原稿用紙。

文章は字数に制限があるのが普通である。長さをはっきりさせるためには、原稿用紙に書く必要がある。ノートなどに書くと、何字になるのか自分でも見当がつかない。

原稿用紙には四百字詰と二百字詰がある。五、六枚までのものは二百字原稿用紙、長いものは四百字と、大体のところ使い分けられてきたが、このごろ、二百字が優勢になってきた。

近年、パソコンで文章を入力することが多くなり、手書きをする人が減ったこともあって、原稿用紙がすくなくなってきたのは残念なことである。

発表

日記を書くのは文章上達のいい練習になるが、ひとつ欠けているのは、見てくれる人のいないことだ。

そこへ行くと、手紙はあてる人がある。ことに改まった手紙が書きにくいのは、読まれるのを意識するからであろう。筆まめな人はたいてい文章がうまい。

大事な手紙は、下書きをこしらえ、充分に推敲してから清書する。下書きは、同時に控えとしての役目もはたしてくれる。ぶっつけに書いて体をなすようになるまでには、かなりの年季を入れる必要がある。なれないうちにそんなマネをしてはいけない。面倒だというので、電話にすればいいという人が多いが、電話は推敲がきかない。いったん口をついて出たことばはもうひっこめられない。時間をかけられる手紙の方が安全である。

学生が試験でひどい答案を出す。人に見てもらう文章なのだから、もうすこし心をこめて書いたらどうか、とにくまれ口をきくと、きょとんとしている。人に読んでもらうという自覚が軽微なのかもしれない。

昔の人は答案は〝奉れ〟と言った。そういう気持で書けば、読む人にも好印象を与えるだろうというのである。それが、このごろの答案ときたら、実になげやりで、日記だってもうすこしていねいに書くのではないかと思うほどである。

仕事の上で作る書類も人に読まれる。あるとき、あるお役所が、別のお役所へ職員の兼務の許可を求める公文書を出した。その書類を受け取ったお役所では、兼務を要する事由をのべたその文章があまりにも稚拙だったので、この願いを却下してしまった。

そのため年度の変わり目に発令ができないで、関係者はたいへん迷惑したという。こういうようにたかが文章くらい、ではすまないこともある。

もうすこしはっきり、人に見せる文章となると、やはり、発表機関がほしくなる。せっせと文章を書きためているだけでは張り合いがない。読んでくれる人もないのに、ものを書くというのは普通ではない。

雑誌を作ればいい。

雑誌というとすぐ、お金がかかる、となるが、そんなことはない。有志のもの五人で同人雑誌を作るとする。締切りをいつときめて、原稿を集める。

集まったら、必要部数だけコピーする。それを綴じれば雑誌である。コピーも金がかかるというのなら、集まった原稿をそのまま綴じ合わせて、これをまわし読みすれば、回覧雑誌になる。

やがて、タイプ印刷の同人雑誌を作ろうとなる。新しく作らなくても、現存の雑誌の同人に加えてもらうという手もある。雑誌に原稿を書いていれば、気がつかないうちに文章の修業もできる。

どうしてもはじめから雑誌でなくてはならないということもない。

夏目漱石は親しい仲間と文章の会をもっていた。「山会」という。どこかひとつ山のある文章を書こうというので、メンバーは書いてきた文章をみんなの前で披露した。

聞いている人が、それに感想をのべ、批評を加える。山会には正岡子規、高浜虚子といった人たちが加わっていた。日本の近代散文の発祥の一つだったと考えてよい。

有名な『我輩は猫である』もはじめは、この山会で朗読されたものだという。

いまなら同人雑誌を出すところであろうが、朗読会というのがおもしろい。気心の知れた人たちの集まりは、すばらしい文章の練習ができる。山会からはたくさんの文学者、文章家が出た。

文章を書くと、すぐ活字にしたがるのは、印刷文化が発達してからのことで、ヨーロッパでも、十八世紀になるまでは、めったなことでは文章を活字にすることはできなかった。

西暦紀元前のローマは、もちろん活字印刷の発明されるずっと前のことである。ローマの文人たちは文章や詩歌を作ると、それを朗読した。そのために人を集める。大朗読会を開く人もいたが、たいていは親しい友人などを小人数集めて、読んできかせたという。

きいた人は、それを批評する。作者はそれを容れて推敲、修正して、はじめて写本、つまりコピーを作った。

まず、最初の公表は、朗読だったのである。ローマ人はこうしてすばらしい作品をたくさん残した。朗読は欠かすことのできない発表形式であったようで、ある詩人は、別の詩人のことを

「彼は朗読しないで、詩人のような顔をしている」

と非難している。〝朗読しない詩人〟とはいまなら、詩を書かない詩人ということと同じかもしれない。昔は、それほどまでに朗読が重視されていた。

漱石たちの山会は、そういうローマの風習に従うものだったのである。

いまの文章修業は、密室の中の作業になってしまっている。もっと仲間といっしょの場で表現についての感覚を磨くことが必要かもしれない。

ローマ人や漱石グループの顰《ひそみ》にならって、われわれも、自作朗読会をひらくよう

にしてはどうであろうか。続けていれば、効果があるに違いない。

辞　書

外国語を専門にしているから、若いときから、辞書との縁は切れたことがない。はじめは、英語の辞書にとりつかれた。中学では英和辞書を使っていたのに、英文科へ入ったら、英英辞書でなくては本当のことはわからないと言われて、ショックを受けた。英語のことばがわからないのに英語で説明してある辞書を見てのみこめるだろうか。血で血を洗うという表現があるが、まさに、それではないか、と思った。

オックスフォード大学出版部から出ているオックスフォード系の英語辞書は、世界一の『オックスフォード英語辞典』（ＯＥＤ）から『ポケット・オックスフォード辞典』（ＰＯＤ）まであって、いずれもすばらしい。ことにＰＯＤはポケット辞典の範とされるもの。これが引きこなせたら、日本人としては英語力は最高だと言われたほどである。

わたくしの学生時代は、米英と戦争していたときだから、イギリスから本など入ってくるわけがない。古本屋をウの目、タカの目さがして歩くが、みんなほしがっているもので、なかなか出ものがない。

やっと手に入れて、使う。引いてもはじめからわかるはずがない。暇さえあれば、手当たり次第に引いてみて、知っている単語の説明を読む。

「dog（ドッグ）」を見ると、「四足動物、オオカミとキツネと関係あり、狩、羊飼、番犬、飼犬として有用、ネコと仲が悪い……」などということがあって、おもしろい。英和辞書でただ「犬」とだけしか出ていないのと大違いである。

いつのまにか、辞書は引くものではなくて、読むものだと思うようになった。これはまったく、ＰＯＤのおかげである。必要なときに引いてのぞいてみるだけのものは辞書にあらず、字引なり、と言った。

ＰＯＤのような小さくてすばらしい辞書を使いつけていたせいか、国語辞書がいかにもあわれっぽく見える。字引ではないかと内心、軽蔑した。

それで国語辞書と漢和辞典は、中学校へ入ったときに買ってもらった、『広辞林』と『大字典』で間に合わせていた。どちらも大部なもので、ちょっと引いてみるというのには適していない。つい疎遠になる。

そのうちに、金田一京助編『明解国語辞典』がよくできているということを聞いて、求めた。それと、福原麟太郎・山岸徳平共編『ローマ字引き国語辞典』がたいへんすぐれていることを発見し、この二冊を机の上に置いて、よく使うようになった。

『明解国語』は簡潔なのが気に入った。〝字引〟としてはこれほどよくできているものはあるまいと思われる。『ローマ字引き国語辞典』はことばのニュアンスにふれたところで他に類を見ない特色がある。おもしろいＰＯＤと同じように、ひまさえあれば、これをあちこち読んだ。

原稿を書く機会が多くなるにつれて、国語の辞書とのかかわりもふえた。どうも日本の辞書は動詞と名詞の結合について不親切であるという不満をもつようになった。たとえば、「電話をかける」というのと「電話を入れる」というのとは、どう違うのか。どの辞書も教えてくれない。

日本へ来たての外国人がきく。日本人の会話をわけもわからずきいていると、しきりに〝やっぱり、やっぱり〟と言っている。〝やっぱり〟って、どういうことか……。そんなことを言われても困る。深い意味があって使っているのではない。辞書には何と書いてあるかと思って、引いてみると、やっぱり要領を得ない。

わかっている人にはわかるが、わからない人間にはわからない。それでは辞書とは言えない。日本語を勉強している外国人が、役に立つ国語辞書がほしいと言ってなげく。しかたがないから、和英辞書を使う。それで英語をさがし出し、こんどは英和を見るというようなことをする。

これだけの大国になった日本で、本当の意味の辞書がないのは情けないと思い、ときどきは、そういうことを書いたこともある。

ところが、昭和四十七年に『新明解国語辞典』が出た。これは従来のものと面目を一新していて、動詞の説明がたいへんよくできている。これまでいだいていた国語辞書に対する不満はかなり解消することになった。

「やはり」（やっぱりはこの口語形）を見ると、「（語原は未詳）㈠（何かしてみたものの）結果が・以前（他の場合）と同じである様子。（例文略）㈡違うことが一応期待されたが、結果的には普通に予測される通りであった様子。（例文略）㈢期待される所を裏切らない様子。（例文略）」となっている。すっかり納得する。それまで、これだけの分析をした日本語の辞書がなかったのである。

すっかり信用して、ことあるごとに、この辞書を引く。あやしいと思うことばはもちろん、大丈夫だろうとは思っていても、念のため確かめてみる、ということもある。すると、おどろくなかれ、考え違いをしていることがすくなくない。

当用漢字かどうかを知るためにといったつまらぬ利用のしかたもするが、こまめに辞書を引いていれば、いい加減なことばづかいがすくなくなるのははっきりしている。

誤字や当て字は辞書を見る手間を惜しむからである。文章を書こうと思ったら、信頼できる辞書を手もとに置くことである。

漱石と寅彦

近代の日本で、漱石ほどすぐれた門下生にめぐまれた人は珍しい。たくさんの個性的な才能をもった人たちが集まった。

家庭がおもしろくないから、それだけよけいにお弟子を可愛いがったという見方もあるらしいが、やはり、漱石には人をひきつける人間としての魅力が大きかったからであろう。

忙しくなってからでも、漱石のところへ若い人がよく訪ねてくる。それをうるさがりもしないで相手になる。絶えず会っているのに、はがきや手紙を先生の方からもらう。実にこまめに書くのである。

「大変な事が出来たといひながら大変な事を話さずに帰るのはひどい」（明治三十七年九月三十日）

これは小石川の原町に下宿していた寺田寅彦にあてたはがき。寅彦が帰るとすぐ書いたものであろう。言いそびれて帰った気持をやわらかく包む、甘酸っぱい愛情が感じられる。それにこれは、自筆の水彩画の絵はがきである。かつて若い人たちの間では、はがきにイラストを描くのが流行したが、漱石もかなりしばしば自筆水彩画つきのはがきを出している。

さきのはがきからひと月半ばかりして、やはり寅彦あてに、自筆水彩画のはがきを書いた。

「先達は晩餐会の為め失敬然し僕のフロックコートの出立を見ろといふのに見ずに帰るのも失敬だ

本郷六丁目二十五番地藪中という女髪結の隣りに新らしき貸二階あり一寸見て御覧

金公

寅さん」

寅彦が遊びに来ているとき、漱石がパーティーに出る支度をしなくてはならなくなった。寅彦が遠慮して帰ろうとするのを漱石が引きとめた。それでもと言って寅彦が辞去したものと思われる。それをあとではがきで書き送る。そのやさしい気持が受けるものにとって、どんなにありがたいものか。とりわけ、当時、寅彦には何かと悩むことが多かっただけによけいである。よさそうな部屋のことまで添えて、最後に、金公、寅さん、とわざと相手の心を引き立てるような調子で結んでいる。

数ある俊秀の門下生の中でも、漱石は寺田寅彦に対しては、ほかの人とはすこし違った扱いをしていたらしい。専門が自然科学でありながら、文章をよくし、絵がわかり、俳句を作り、バイオリンをひく寅彦の才能をよほど愛していたと思われる。

理数系の学問を理解する先生の能力には驚歎した、と寅彦が書いているところからしても、漱石は自分の中に眠っているものを寅彦によってよびさまされたのかもしれない。

早くから、学問上のことなどを友人に話すような調子で話している。明治三十四年、ロンドン留学中の漱石は、寅彦に長い手紙を書いているが、その中にこういうところがある。

「学問をやるならコスモポリタンのものに限り候英文学なんかは縁の下の力持日本へ帰つても英吉利に居つてもあたまの上る瀬は無之候小生の様な一寸生意気になりたがるもの、見せしめにはよき修業に候君なんかは大いに専問の物理学でしつかりやり給へ本日の新聞でProf Rücker の British Association でやつたAtomic Theoryに関する演説を読んで大に面白い僕も何か科学がやり度なつた此手紙がつく時分には君も此演説を読むだらう　つい此間池田菊苗氏（化学者）が帰国した同氏とは暫く倫敦で同居して居つた色々話をしたが頗る立派な学者だ化学者として同氏の造詣は僕には分らないが大なる頭の学者であるといふ事は慥かである同氏は僕の友人の中で尊敬すべき人の一人と思ふ君の事をよく話して置いたから暇があつたら是非訪問して話しをし給へ君の専問上其他大に利益がある事と信ずる……（後略）」

後年、漱石にとって寅彦自身が「友人の中で尊敬すべき人」となる。そういう人間同士の接触を願っているのがおもしろい。「僕も何か科学がやり度なつた」というのも、漱石の才能を暗示している。

「漱石が池田菊苗にロンドンで会ったのは漱石にとって一大事件であった。漱石はその為め『文学論』著述の一念を発起した」（小宮豊隆『夏目漱石』）

「文学論」は文学現象を科学的方法により解明しようとした画期的業績である。当時の世界でだれもそんなことを考えている人はなかった。それから二十数年して、イギリスの批評家I・A・リチャーズがそれとそっくりの試みをしたとき世界は腰を抜かした。

　その仕事のきっかけになった池田菊苗はいまほとんど忘れられているが、味の素、グルタミンソーダの発明者と言えばわかりやすいかもしれない。漱石は人の才能を見るするどい目をもっていたことがわかる。

「英文学なんかは縁の下の力持」ということばはいまならだれにもわかるが、明治三十年代にこう言える日本人はすくなかった。言われてもわかる人はすくなかった。

　ところで、漱石が寅彦に書いた便りは、どれもやさしい。留守中に菓子をもってきた寅彦にこう書き送った。

「……今日は土曜の入だといふ事を聞きあの菓子は暑中見舞なんだらうと想像しましたがさうなんですか夫とも不図した出来心から拙宅へ来て寝転んで食ふ積で買つて来たんですかさうすると大いにあてが外れた訳で恐縮の度を一層強くする事になります兎に角菓子は食ひましたよ……（後略）」

こういうのもある。明治四十年一月二日、

「拝啓来る三日木曜にて例の人々来りて御馳走をこしらへて、たべる由手伝ふなら昼から食ふなら夕方御出被下度候」

漱石山脈と言われる人脈はこういう文通によっても結ばれていたのである。

（傍点は原文通り）

子を憶う手紙

このごろの親は子に手紙を書かなくなった。用があれば、電話という便利なものがある。面倒な手紙など書いていられるか、と言うのだろう。

電話の話は消えてしまう。都合の悪いことはすぐ忘れることができる。教訓の電話などしてみても効果はない。昔はずいぶん教訓の手紙が書かれたようだが、ほとんど毎日、息子にあてて、人生を教える手紙を書いた人がある。と言っても、日本のことではなく、イギリスは十八世紀の貴族、チェスターフィールド伯爵である。身分がよかったということもあるが、昔の人は暇があったんだなあ、と感心する。

いくらひまでも、用もないのに手紙を書くのはたいへんな手間である。それが後世にもてはやされる内容をもっているのだから、やはり、この貴族ただのネズミではなかったと言うべきだろう。英文学の歴史でもかならずこの伯爵が登場する。政治家としては偉かったが、ほかにこれといった文芸上の仕事があるわけではない。まったく息子にあてた手紙だけで文人に仲間入りをしている。たかが手紙というなかれ。

どんな手紙を書いていたのか。よく知られたところをすこし紹介してみる。

「世間の知恵というものは世間へ出て身につけるべきものだ。書斎にこもっていては学べない」（一七四六年十月四日付）

「スキャンダルも強盗に似ている。盗む奴の悪いのはわかっているが、やられる方も同じくらい悪いのじゃよ」（会話の心得）

「おもしろいことを教えているスペインのことわざがある。どういう人間といっしょに暮らしているかを告げよ、しからば、君がいかなる人物かを言い当てよう、というのだ」

「怠惰は弱き心をもてるものの隠れ家にすぎない」（一七四九年七月二十日付）

これなどは、一種、金言のような響きをもっている。また、こういうのもある。

「いまの人のことを軽蔑した口ぶりで語ってはならない。古人のことをやたらにありがたがってもいけない」（一七四八年二月二十二日付）

政治家としての苦労をしていただけのことはある。思想家なら、まさに、この逆のことをすすめるであろう。リアリストでないとこういうことは言えない。

このチェスターフィールドの教訓を読んでいて、福沢諭吉がやはり息子（一太郎、捨次郎）にあてた手紙のことを思い合わせる。明治十七年二月二十二日、の手紙にはこういう箇所がある。両名はアメリカ留学中。

「○両人へ改て警しむる事あり。外国より日本の事情を察したらば、甚だ堪へ難き事もあらん。政治上に、教育上に、又商売上に、馬鹿らしきケ条は数々なるべしと雖ども、是れは書生の論ずべき事にあらず、論じても益なきことなれば、日本の友人抔へ送る手紙の端へも、あまり本国の事を夫れ是れと喋々せざる様可被致。日本の社会悉皆愚頑なるにあらず。朝にも野にも随分リベラル家も多し。政府の役人なりとて決して窮屈なる人物のみにあらず。壮年就学の輩は唯一偏に学問勉強すべきのみ。又ニウエンゲランドの方へ参りたるからには、多く在留の日本人にも附会致す事ならん。其際にも謂れなく日本の事を彼れ是れと誹評し、外国に在る身の上、自由自在なり抔と思ふて、失言多くしては、福沢の子は生意気なりと人に謗られ、遂には拙者の体面にも関する事なきを期すべからず、屹度慎しむべき事に候」

実にこまかい心くばりであるが、ただ、教訓を与えるだけではない。このすこし先のところで

「素より貴様達にはケ様なる粗忽はなき事と信じ居候得共、外国へ在るときは兎角に大胆になりて、時として過なきを期すべからず。拙者が壮年時分にも身に覚えあり、依て一言を貴様に与ふるのみ。兎角在来の日本人とあれば、誰彼れの別なく、唯深切一偏に交際して、自身には、体を養い心を研くの外、他事あるべからざるものなり」

とのべて、このかなり長い手紙をしめくくっている。福沢ほどの学問をした人がチェスターフィールドの名を知らないわけはない。チェスターフィールドの名を知って、その有名な息子へ与える書簡のことを不知ということは考えられない。

だとすれば、この手紙を書くに当たって、福沢の頭にチェスターフィールドのことが去来していたと想像することは無理ではない。また、最後のところの、アメリカにいる日本人にはだれかれの区別なく、よく付き合っておけというあたりは、シェイクスピアの『ハムレット』の中で、宮内大臣ポローニアスが帰国してまた外国留学へ戻る息子のレアーティーズに向かってする有名な教訓と同工異曲である。

それからしばらくして（明治十七年三月七日）、福沢はまた長い手紙を両名にあてて書いているが、そこにも

「〇先便も申遣候通り、日本には近来、漢学又皇学抔申、様々可笑しき事もあれ共、是は一時の流行、深く憂るに足らず、又一方にはサイヤンスも中々進歩いたし、慶応義塾抔、金も少なく百事不行届にて、或は時勢に後るるの恐れなきにあらず。……兎に角に他の事を夫れ是れと評価するよりも、吾れを省る方専一なり。貴様方も何か一芸を得て、今日の文明に愧ざる様、覚悟被致度、夫れまでは日本の漢学も古風退歩も喋論すること無用なり。己れに覚悟なくして他を誹評するは、空樽の鳴るに異ならず。慎しむべき事なり。……」

息子たちが外国で、いい気になって書生論をふりまわすことがよほど心配だったものと思われる。チェスターフィールドが「いまの人のことを軽蔑した口ぶりで語ってはならない」と言うのとつき合わせると、また別の興味がわいてくる。

いまの父親にこれだけの見識と子に対する権威ありや、なしや。

妻へあてて

こういうところで言うのも変だが、他人の書簡をあげつらうのは、考えてみると、おかしなものである。

信書の秘密という。人の手紙は見てはいけない。こどもだって、そういうしつけを受けている。ところが、古書展などでは、有名人の手紙が売りに出る。手紙だからもちろん宛名がある。中には用件も書かれている。

それを受取人が売ったか、手放したか、したのだろう。どこのだれの手に渡るか知れない流れものの手紙になって衆人の目にさらされる。書いた人が気の毒だ。こういうことが許されているのはおかしくはないか。

信書の秘密もこうなると、ものを言わないらしい。生きている手紙ではないからであろうか。歴史的になれば、信書は〝公然の秘密〟になるのか。

われわれ人間はよほどノゾキの趣味が強いに違いない。他人の書簡に興味をもつのは、一種のノゾキである。それがおもしろいのはドラマティックなものがひそんでいるからであろう。

手紙がドラマティックとはどういうことか、と不審がる人があるかもしれない。芝居というものは、部屋のひとつの壁をとり払って、そこから公然とノゾキをする形式をとる。ノゾキということからすれば、芝居を見るのと、人の手紙を読むのとは通じるところがある。それでドラマティックだというわけだ。

手紙のうちでも家族にあてたものは、もっとも多くうちうちのことがらを含んでいる。他人が見るのははばかられる。日記を読むのとは違った意味でプライバシーにふみこむためらいを感じる。しかし、一般に、家族にあてた手紙というのはそれほど多くない。

森鷗外は例外的である。日露戦争に従軍中、奥さんにあてた手紙がたくさんある。そして晩年、奈良帝室博物館長として単身赴任していて、筆まめに家庭へ便りをした。

それらは小堀杏奴編『森鷗外・妻への手紙』（岩波新書）にまとめられている。鷗外の妻あての手紙はどれも簡潔だ。明治三十七年三月二十九日、広島で大陸へ向かっての出発を待っているときに書いた。

「手紙は昨日来たよ。今の内案じてくれて、段々に忘れるやうではうれしくない。茉莉を大事にして待つて居ておくれ。……」（用字原文のまま、以下同じ）

同じく四月四日の手紙では、奥さんに教育をしている。

「只今手紙が来たが日附がない。消印もぼんやりして居るが二日のだらうとおもふ。手紙には日づけをするものだよ。……○手紙はいくらでも遠慮なしによこして好いよ。おれの処へは色々な手紙が毎日十本づつ位来るのだからやんちやのが其中にまじつて居たつて目立ちはしないよ。○皆さんによろしく

四月四日夜

林

やんちゃ殿」

奥さんをやんちゃと呼んでいるのがほほえましい。

鷗外がいかにこどものことを考えていたかが手紙によくあらわれている。

明治三十七年七月三十日付の手紙では幼い子の教育についての考えをのべている。

「七月十一日のお前さんの手紙が来た。茉莉が次第に物がわかるやうになると見えるね。小いうちは教育なんぞといつても別にむつかしいことはない。大概は自然に任せて置けば好いのだ。おとなが勝手におもちやのやうに扱ふのがまちがひなのだ。賞罰は正しくせねばならぬ。併しどんなにおとなが困ることでも小児がわるぎなしにした事を罰してはならぬ。大概は罰のはうは先づ見合はせにする方がよろしい。これからおひおひうるさくいろいろなことを問ひたがるやうになるだらうが何遍でもくりかへして問へば一々返事をしてやるのが親のつとめだ。それをうるさいなどと言つてしかる親が世間には多いが大まちがひだ。かういふ時に面倒を見て返事をして遣ればどんな好いことをも仕込めるのだ。障子を破りおもちやをすぐにこはすやうな癖はしからずに静にとめてやればやむ。その面倒を見ぬから乱暴なこどもになつてしまふ。……」

　小さいこどもをもついまの母親にも読ませたいような、行きとどいた注意である。ことに乱暴なこどもが多くなっている昨今、これで耳のいたい思いをする人がすくなくあるまい。

　大正四年には、これは奈良からだが、

「子供の学科の事をよろしくたのむ。類が奮発するやうだからほめてはげましてやるがよろしい。

　　十一月十二日夜

　　　　　　　　林太郎

　茂子様」

こうして、ただ、こども（類）の教育のことだけで便りをするというのは、鷗外がよほどの〝教育パパ〟であったことを物語る。「ほめてはげまして」やれというのは、鷗外が教育者としてもすぐれた考えをもっていた証拠になる。いかにもきびしそうに感じられる鷗外だが、ことこどもに対しては実にやさしい父であったようだ。

　そのために、自然、やはり、いまでいう過保護になったらしく、ことに男の子の類を溺愛した。小堀杏奴氏もこう書いている。

「弟（類）は小さい時あまり父母が甘やかしたせゐか、体も丈夫で無く、勉強もしたがらなかつた。父は毎日のやうに学校の送り迎へをするので、黒図先生（受持の先生）から苦情が出た事もある。はじめの中は送つて来る親も多かつたが、しまひには父と、それから木《き》安《やす》（多分さう書くのだと思ふ）と云ふ子供の姉さんと二人だけになつてしまつた。そして父は弟を待つてゐる間など、この姉さんと心やすくなつて、いろいろな話をしたさうである」（『妻への手紙』後記「父の手紙」）

　多忙であったに違いない鷗外がこどもを待ってよその娘さんと話をしている図を想像するのは、たのしい。教育パパ鷗外の面目が躍如としている。

詩人の計画

こちらが気が小さいせいかもしれない。全集で書簡を読むときですら、何となくうしろめたさを感じる。裏口からよその家をのぞいているような気持が消えないのである。

そういう人間にとって啄木の手紙はありがたい。実に、あけっぴろげである。自分の考えが熟していると、だれかに言わずにはいられなくなるらしい。親しい人にあてられてはいるけれども、できることなら、世間に向かって胸のうちを披瀝したい、といったところがある。そういう手紙ならノゾキではない。むしろ、読んであげた方が本人も喜ぶだろう。そう思うことができて、気が楽だ。

「僕は僕の小説に於て、自分がまづ素裸体《スッパダカ》になつて、一点の秘すところなく告白しようと思ふ。そして一切の人物を捉え来つて、矢張り僕と共に素裸体にしようと思ふ。仕立屋の縫つた衣物をきてゐるうちは駄目だ、虚偽だ。まづ裸体にならなければならぬ。裸体になつた上で、寒かつたら寒いやうな、暑かつたら暑いやうな、それ相応な衣服を新らしく作らなければならぬ。君、これは決して空論ではない……（略）」（明治四十一年七月七日、岩崎正宛）

いわば芸術論である。ひとりでも多くの人に読んでもらいたい論文のようなものだ。われわれは安じて読むことができる。もっとも、多くの書簡読者はもっと個人的な秘密にふれたいと思っている。現実には禁じられているノゾキを公然と許されるのが活字になった書簡集である。そこに好奇心をそそられるのだと思う。

プライバシーのやかましいヨーロッパで名のある人の書簡集がよく出るので、それだけノゾキ見の読者が多いことを物語っている。どこでも生存者の手紙が公表されるのは例外的だが、欧米では本人が亡くなっても、なお、迷惑する人があるうちは書簡の公刊はできない。まず、筆者死後五十年くらいしないと出版は難しいようだ。

ところで、啄木の手紙を見ていると、どこか日本人ばなれしたところが感じられる。

ひとつには、さきの例のように、自己の信じるところを広く訴えるという書き方にもよるであろう。手紙を書くことによって自分の考えを明確にするというのは、外国の詩人もさかんにしていることだ。

さきの手紙を書いた明治四十一年七月七日には、ほかに宮崎大四郎、管原芳子へも手紙を書いている。いちばん長いのは宮崎宛のもので、六千字近い。管原への手紙は綿々たるもので、やはり長く、四千字ほど。

一日に一万字を超える手紙を書いている勘定である。一万字といえば四百字原稿用紙にして二十五枚、ちょっと手紙三本、とはいかないだろう。本腰を入れて書いたものであるに違いない。いまではこういう手紙を書く人はなくなったのではあるまいか。

啄木は一通で九千三百字という長い長い手紙を書いたこともあるのだから、三本で一万字の手紙くらいは何とも思わなかったかもしれない。いずれにしてもたいへん精力的な手紙書きである。

啄木が雑誌発行の計画をもっていたことはよく知られているが、その具体案をのべたのが明治四十四年一月十四日宮崎大四郎宛の手紙である。

土岐哀果（善麿）とはじめて会った啄木は二人で歌の雑誌を出そうという話をする。啄木の本心は別の雑誌だが、「然し、僕は、僕がその雑誌（或は週刊新聞）を出すのは決して近い将来でない事を知つてゐる」。なぜか、それには「千五百円の金がゐる」からだ。ところが、「歌の雑誌だと五十円あれば出来る」。

たんなる空想ではなく、具体的な見積りを立てた。売れるのは三百五十部と見込む。これは前に田舎で出した「小天地」でさえ三百売れた実績にもとづく。

初号は四十八ページ、四百部印刷、用紙千二百枚すなわち二連と二百枚、その費用はこのとおりと示している。

円
一二、〇〇　紙代

一六、八〇　組代（一頁三十五銭にて四十八頁）
六、〇〇　表紙及び製本費（一部一銭五厘）
計三四、八〇

なかなか専門的である。

「かくてこの出来上つた雑誌のうち五十部を寄贈用とし、三百五十だけ売る。定価二十銭では高いし十五銭では算盤に合はないから十八銭（郵税二銭）とする。直接購読へは定価通り売るのだけれど仮りにすべてを発売元への卸値段にすると七掛けで一部十二銭六厘三百五十部で四四、一〇ということになる。即ち予算総額五十円から初号に於て五円九十銭の欠損……」

土岐と二人が五円ずつ出し合うことにするとこの赤字が埋まる。広告などを多くすれば四百部中二百七十七部売れたら収支つぐなうと言う、なおいろいろ読者獲得のことなど書いている。いかにもたのしそうだ。せっかくの計画であるが、この共同雑誌はとうとう日の目を見ることなく終わった。

ところで、啄木は転々とよく住いを変えた。ずっと東京へ住むようになってからも、本郷区菊坂の赤心館（明治四十一年五月）、同区森川町蓋平館別荘（同年九月）、同区弓町二の十八新井方二階二間（明治四十二年六月）と居を移すが、九月にはその弓町へ本籍をもってきている。

それから二年後、明治四十四年八月にはまた転居。土岐哀果宛に

「本日病床を左記に移し候　七日　小石川区久堅町七十四番地四十六号　石川一
大塚線清水谷の電車停留場付近より右へ入り二三度折れ曲つて約二丁許り」

と知らせた。これが終焉の地になる。実はここはかつてのわが家のすぐ近くで、記念の石碑が立っている。その前を通るたびに二十六歳で世を去った天才の心事を思い暗然とするのである。

苦悩

明治から戦前までの数ある軍人の中で乃木将軍ほど文化人から尊敬された人もすくなくない。晩年、東郷提督と並んで国民的仰視を受けたが、その生き方において、もっとも武人らしい武人と見られたのは乃木希典であった。その殉死は時の多くの文学者の心を深く動かした。明治天皇が亡くなられて、その御棺が出る号音を聞くと同時に

うつし世を神さりましし大君の
みあとしたひてわれはゆくなり

という辞世を残して六十四歳の命を絶った。静子夫人も

出てましてかえります日のなしときく
けふの御幸に逢ふそかなしき

の辞世を残して殉じた。

興味深いのは、乃木の出世が順調でなかったことである。順調どころか、むしろ、挫折につぐ挫折の一生であったと言うこともできる。

西南戦争に連隊長として出陣した乃木は、不覚にも軍旗を敵軍に奪われた。連隊旗は天皇から親授されるもっとも神聖な軍の象徴であるからこれはまさに切腹ものである。果して、乃木は自刃しようとした。が、しかし、とめられて果さず。待罪書を出して処罰を乞うた。

厳罰に処すべしという強硬意見もあったが、同情論が通って結局、おとがめなしとなった。この事件が乃木の一生を決定した。彼がいつも死所を求めていたのもそのためである。

それから十数年して、明治二十三年、東京から左遷されて名古屋の歩兵第五旅団長になる。ところが名古屋在勤一年半明治二十五年二月に辞表を出して休職した。

理由ははっきりしないが、進級はおくれるし、後輩の桂太郎が師団長として自分の上官になるといったことが重なったと見られる。

休職して那須野で閑居した。四十四歳である。乃木の休職はこれ一回ではない。復職して日清戦争で武勲を立てるのだが、明治三十一年にまた休職。五十歳であった。同年、復職するが、明治三十四年にまたまた、休職になった。五十三歳の年である。

日露戦争がおこらなければ、休職のままで終わったかもしれない。実に三度も休職したのだ。そして、そのつど復職しているのは、軍人としてのその資質を惜しむ人たちがいた証拠である。乃木を深く愛された明治天皇のお考えが働いていたこともあろう。

それで思い合わされるのが勝海舟である。あれだけの大きな仕事をした海舟だが、とんとん拍子に出世したのではない。何度も何度もつまずきがあった。何回も職を解かれて、待命の身となっている。それが次の飛躍の準備期間であったとも考えられる。

乃木の休職にもそういう意義があったかもしれない。とにかく最後の休職が解けて、第三軍司令官として日露戦争に出征。ロシア軍が難攻不落を誇った旅順攻撃を始めたのが、明治三十七年六月である。その前の五月に長男の勝典を、その年の暮の十二月には次男の保典をともに戦場で失っている。

旅順攻撃は文字通りの悪戦苦闘であった。多大な犠牲が出る総攻撃がいずれも失敗に終わる。

山川草木転《うたた》荒涼　十里風腥《なまぐさし》新戦場
征馬不レ前《すすまず》人不レ語　金州城外立二斜陽一

という乃木の有名な詩はそのころの作である。すこしも進まない戦局にいらだった大本営では第三軍司令官更迭の話がおこった。それを制されたのも明治天皇だったという。いま乃木をやめさせたら生きてはいまい、と言われた。

第一回、第二回と失敗に終わった総攻撃にもひるむことなく、第三軍は第三回の総攻撃を準備した。明治三十七年十一月のことである。十一月十九日参謀総長山県有朋から乃木のところへ悲痛な電報が届いた。

「貴軍は近く攻撃を開始し、望台一帯の高地占領を企図せらるる旨、総司令官より通報に接し、直に参内之を奏上せり。惟《おも》うに此一挙は、慎重敢為《かんい》に遂行し、敵をして恢復《かいふく》抵抗の余地無からしむるを要す。若《も》しそれ再び不成功に終らんか、弾薬其他の関係上、爾後再挙を図《はか》るの期容易に到来せざるべく、……敵は再び海上の交通を復活し、弾薬糧食を輸入し、攻城は益々困難となり、大連湾の防備も亦危からんとす。今や旅順の攻撃は、実に一日を争うの時機にして、其成否は、陸海作戦利害の岐《わか》るる処、邦家安危の繋《つな》がる所なるを確信す。老兄の御苦心を察し、御健康を祝し、敢て腹心を布《し》き、其所見を問う」

同じく二十二日、第三軍は、次のような勅語を拝受した。

「旅順要塞は敵が天嶮《てんけん》を加工して金湯《きんとう》となしたる処なり。其攻略の容易ならざる、固《も》とより怪むるに足らず、朕《ちん》深く汝等の労苦を察し、日夜軫念《しんねん》に堪えず。然れども今や陸海軍の情況は、旅順攻略の期を緩《ゆる》うするを得ざるものあり。此時に当り第三軍総攻撃の挙あるを聞き、其時機を得たるを喜び、成功を望む甚《はなはだ》切なり。汝等将卒夫れ自愛努力せよ」

乃木軍司令官は、ただちに奉答した。

「旅順要塞総攻撃に関し、勅語を辱《かたじけの》うす。臣希典等感激恐懼《きょうく》に堪えず。将卒一般深く聖旨を奉体し、誓て速に軍の任務を遂行せんことを期す」

その翌日、山県参謀総長から乃木あてに暗号電報がきた。暗号係が訳してみたが意味がはっきりしない。乃木は訳文をにらんでいて、漢詩であることを発見した。

　百弾激雷天亦驚　包囲半歳万屍横
　精神到処《いたるところ》堅レ於レ鉄《てつよりもかたし》　一挙直屠《ただちにほふれ》旅順城

明治の軍人は苛烈な戦局においてもなお、こういう漢詩のやりとりをすることができた。

ちなみに、乃木は日露戦争で戦地にある間、家人にはついに一度も便りをしなかったと言われる。

（資料として松下芳男『乃木希典』を参照した）

ハーンの悲哀

ラフカディオ・ハーン、小泉八雲は明治二十九年（一八九六年）、上京、東京帝国大学文科大学の講師となって、英文学を講じはじめた。ハーバート・スペンサーの進化論哲学に影響された文明批評と深切な芸術鑑賞を特色とするもので、学生の間に好評であった。

それが明治三十六年（一九〇三年）三月辞職。翌、三十七年三月には早稲田大学の前身、東京専門学校の講師となる。しかし、その年の九月二十六日、狭心症で急逝、年譜は淡々とそう伝えるにすぎないが、ハーンにとって、この東大辞任はたいへんな打撃であった。

ちなみに、ハーンのあとを襲ったのが、ほかならぬ夏目金之助、漱石である。それで、漱石は就任早々、ハーン留任の運動のとばっちりを受けて不快な思いをした、と言われる。漱石の文学論はロンドンで猛烈に勉強してきた結果である。おそらく、当時の世界において、もっとも進んだ方法論によったものだったと言えよう。

それから二十年後に、イギリスのケインブリッジ大学で、一九七九年亡くなったＩ・Ａ・リチャーズ教授が『文芸批評の原理』を発表して世界をおどろかせたことは前にものべたが、それにまさるともおとらぬのが漱石の東大講義であった。これが、のちに『文学論』となる。漱石とハーンでは水と油ほどに講義内容が違っている。学生が戸惑い、それまでのていねいなハーン先生の留任運動に動いたのは無理もなかった。

亡くなる直前のハーンの苦悩をよく伝えているのが、アメリカにいたエトモア夫人あての一連の書簡であろう。最後のものは、亡くなった明治三十七年九月、となっている。

東大を辞めなくてはならなかった理由について、明治三十六年（何月かははっきりしない）のエトモア夫人あての手紙でこう書いている。

「（前略）三月三十一日、予期の如くに私は――日本市民であるから私は『外国人俸給』を受ける資格が無いといふ口実で――大学を去らなければならぬことになりました。学生は私の為めに強固な抗議を致しましたので、私にとつて再契約することは不可能なやうに仕組んだ条件で再契約の提供を受けました。その上私は、六箇年勤務後の九箇月の休暇に対して、大学教授が貰ふことになつて居る金も亦拒絶されました。でも私は七年間勤務したのでありました（後略）」

綿々たるうらみごとである。

「……それでつまるところ、日本の為めに十三年間働いて、そして日本の為めに一切のものを犠牲に供して、その結果私はただ勤務を逐はれ、そして事実上その国から追放されたのであります。こんな事を計らつた政治上と宗教上との結合が依然として力を失はずに居る間は、私は此の国では六箇月すら、如何なる教育的官衙《かんが》に於ても、如何なる位置をも保つことが出来ない事になるからであります」

それより少し前に、やはり夫人にあてて

「私は日本の政府に非常に虐待されて、——新聞雑誌の方《ほう》からの、またその敢てし得る限り長く私の肩を持つて呉れました私の学生共の方からの、抗議にも拘らず奸策に依つて職を失はなければならぬやうにされました。かてて加へて、私は病気になりました。——数箇月の間煩つて居たのであります。三週間許《ばか》り前に、血管を破裂しまして、談話を禁ぜられて居ります。でありますから講演仕事は思ひも寄らぬ事だと案じます。そして題目が十分能く分かつて居りませんから、甚だしく遺憾に思ひも致しません。日本に関した題目なら、どんな題目に就いても、一行もう書かうとは思ひません。私の労作は総て私に執心深い敵をつくるに終はつただけのことでありますから（後略）」

大学をやめたらアメリカで講演をしてはという話がもちこまれたのである。その後、気をとりなおして、講演旅行してみようという心境になったらしく、草稿をせっせと書く。もちろん、それは実現しないままで終わった。こういう手紙を読んでいると、著作から受けるハーンのイメージが微妙に変化してくるのを感じる。

「親愛なるエトモア夫人」への泣きごとの手紙はなおも続く。

「私は――五十三になつて、大家族を抱へて――真面目に金銭問題に就いて考へなければならぬのであります。亜米利加へ行くだけが米貨五百弗、帰りに同額――つまり二千円といふことになります。それだけあれば日本で二年暮せます。それからまた暮して行くのに必要な出費があります。長男を連れて行くのは大冒険でありませう。日本政府が私の徳義上借りている賜暇の金（約五千六百円）を快く払つて呉れたならば、私はそれをすることが出来たでせうが。……今のところ確に眼に見えて居る金は一文もありません。然し当地に居れば筆で暮して行くことが出来ます。大学から追ひ出されてからといふもの、私の乏しい貯蓄から銅銭一箇すら落してはならなくなつて居ります。（後略）」

そして、いよいよ、亡くなる月、明治三十七年（一九〇四年）九月になって、彼はこういう手紙を書くのである。

「親愛なるエトモア夫人……あらゆる不幸がありながらも、私は昨年は――主として経済をやつて――可也よく暮しました。金は少しも損はしないで、儲けました。

大隈伯の大学で教授の職を得て居ります。（俸給は少う御座いますが、余暇は十分あります）そして一箇月間子供達を漁民共と一緒に——魚、米、草とで（固よりみんなのとうちゃんにはサケを添へて）——暮させに連れ出すことが出来ました。私は再び強壮になりました。前同様に水泳に右手を使ふことが出来ます……」

こう書いて間もなくハーンは亡くなった。しかし〝再び強壮になりました〟と言うことができたあとであったのはせめてもの救いである。

（引用はすべて小泉八雲全集〈第一書房版〉による）

美しいことば——あとがきに代えて

その昔、戦前のことである。

何もわからない小学生たちは、先生が黒板に書く字を見て、口には出さず、いいなあ、と思っていた。

白墨というものはすばらしい。黒板に書かれる文字は何とも言えず、知的なおもしろさを感じさせた。

そのころは、書き方といえば習字や書道のことだった。時間になると、先生がどこからか特大の筆をもってくる。

たっぷり水をふくませ、黒板に

「ノメクタ」

などと大書するのである。何もわからないこどもたちが、目を見張る。声にはならないが、スゴイ、キレイ、オモシロイなどと思うのである。

ああいう字の書ける先生は、うちの親たちより、エライにちがいない。心から尊敬するようになる。

そのころ、すくなかったが、大学を出て、小学校の代用教員をしている先生もいた。

どこかエラそうにしているのだが、字が下手である。楷書がいちばんいいと思っているこどもたちに、崩した行書風の字を書く。こどもたちは、いやーな気がするが、遠慮して口には出さない。そういう先生は、漢字の筆順を知らないで、変な字を書く。よくはわからないながら、こどもたちは、どこかおかしいと感ずるのである。

小学校で教わったことでもっとも大きいのは「ことばは、美しい」ということである。

しっかりしたことばを書きたい。正しいことばが使えるようになりたい。何もわからないこどもに、こう思わせたのは、たいへんなことであった。こどもは、一生、それを忘れない。

戦争に敗けて、おかしくなったのであろう。妙なことを言う人が増えた。

ことばは道具だ。役に立てばいい。美しいことばなんかあるものではない。尊敬もしていない人に対して敬語を使ったりするのは、むしろ誤りである。そういうのが正論のようになって、ことばは、美しさと品格を失ったのである。

電話が普及して、手紙などを書くのは時代遅れといわんばかりになった。

さらに近年は、ケイタイが普及し、メールを交わすのが流行となっている。美しい、品格のあることばはほとんど消えかかっているが、気にする人は例外的なように思われる。

さすがに、すこし行きすぎたか、と反省する人があらわれて、教養のある人たちが、ことばに心を寄せるようになっているが、なお、多くの人のかかわることではないと考えられているようであろうか。ことばを大切にしようというのは、少数派である。

そうは言っても、ことばはつよい。ものごとを考える人、新しいことを見つけようとする人たちが、ことばを見なおして、新しい文化を作ろうとする動きがある。ものを知る、実用に役立つことばのほかに、心のはたらきをよくする、賢いことを考えるためのことばが必要であると感じる人たちが、静かに動き出しているようである。社会がそれだけ進んだと言ってよい。

人間は考える葦《あし》だ、という。

考えるのはことばである。

話すことばより書くことばの方が、考えることにおいて重要だという伝統的な常識が、新しいニュアンスを帯びて、再生しつつあるように思われる。

つまり、ことば、文章は、新しい貴族性を帯びようとしている。歴史の趨勢と言ってもよいかもしれない。

貴族性を帯びたことばは、人間の思考を高める力をもっている。それを実証し、目ざすのが知識人の誇りである。

つよく、美しく、クリエイティヴな日本語が育つことは誇りである。この本は、そういう観点からことばを考えたものである。賛同してくださる方が多ければ、筆者のよろこびは小さくない。

いたずらに競い、争い、戦うのは、いわば不毛の文化である。よい意味での文化的なことばは、静かで、豊かで、貴族的である。われわれは、だれしも、そういうことばの貴族になることができるのである。

二〇一七年七月

外山滋比古

外山滋比古（とやま・しげひこ）
1923‒2020年。愛知県生まれ。英文学者、文学博士、評論家、エッセイスト。東京文理科大学卒業。「英語青年」編集長を経て、東京教育大学助教授、お茶の水女子大学教授、昭和女子大学教授などを歴任。専門の英文学をはじめ、日本語、教育、意味論などに関する評論やエッセイを執筆した。40年以上にわたり学生、ビジネスパーソンなどを中心に圧倒的な支持を得た287万部突破のベストセラー『思考の整理学』をはじめ、『乱読のセレンディピティ』（扶桑社）、『50代から始める知的生活術』（だいわ文庫）など著作は多数。

知《ち》的《てき》文《ぶん》章《しょう》術《じゅつ》
誰《だれ》も教えてくれない心《こころ》をつかむ書《か》き方《かた》

2024年5月1日　第1刷発行

著　　者…………外《と》山《やま》滋《しげ》比《ひ》古《こ》
発 行 者…………佐藤 靖
発 行 所…………大和《だいわ》書房
東京都文京区関口1-33-4
電話03-3203-4511

カバーデザイン……山之口正和＋齋藤友貴（OKIKATA）
本文デザイン………滝澤博（デジカル）

印　　刷…………歩プロセス
製　　本…………ナショナル製本

ISBN 978-4-479-79807-1

http://www.daiwashobo.co.jp/